A. DE LA RUE. — M¹ˢ DE CHERVILLE.
ERNEST BELLECROIX.

LES
CHIENS D'ARRÊT
FRANÇAIS ET ANGLAIS.

ILLUSTRATIONS DE E. BELLECROIX.

PARIS, LIBRAIRIE FIRMIN-DIDOT ET C¹ᴱ,
IMPRIMEURS DE L'INSTITUT, RUE JACOB, 56.
1881.

CHIENS FRANÇAIS,

PAR MM. DE LA RUE, DE CHERVILLE ET E. BELLECROIX.

CHIENS ANGLAIS,

PAR M. ERNEST BELLECROIX.

A. DE LA RUE. — M¹ˢ DE CHERVILLE.
ERNEST BELLECROIX.

LES
CHIENS D'ARRÊT
FRANÇAIS ET ANGLAIS.

ILLUSTRATIONS DE E. BELLECROIX.

PARIS, LIBRAIRIE FIRMIN-DIDOT ET Cⁱᴱ,
IMPRIMEURS DE L'INSTITUT, RUE JACOB, 56.
1881.

A MONSIEUR ALFRED FIRMIN-DIDOT

Cher Monsieur,

Sans nous être entendus, nous nous sommes trouvés d'accord pour vous dédier ce volume, auquel nous avons travaillé à des degrés différents.

Honorés tous les trois de votre bienveillante amitié, nous avons pu en apprécier la valeur; tous les trois aussi nous avons été initiés aux efforts que vous n'avez jamais cessé de faire pour relever en France le goût de la chasse et en maintenir les grandes traditions, pour doter notre pays des belles races de chiens qui lui manquent et tenter enfin de sauver du naufrage où il marche, cet art dans lequel nous avons si longtemps excellé.

C'est à tous ces titres, cher Monsieur, qu'il nous a semblé qu'un livre où nous avons essayé de jeter quelque lumière dans la confusion où nos espèces de chiens d'arrêt menacent de disparaître devait se présenter au public sous votre patronage.

M^{quis} DE CHERVILLE, ERNEST BELLECROIX,
A. DE LA RUE.

CHIENS D'ARRÊT FRANÇAIS

LES BRAQUES FRANÇAIS

La marche progressive du perfectionnement des armes de chasse et les différentes phases de l'histoire du braque français sont inséparables et marchent de front.

On va voir combien a été grande et souvent fâcheuse l'influence des divers systèmes de fusils sur nos chiens d'arrêt en général; c'est à se demander, en vérité, si le génie de l'armurerie ne finira pas par rendre à peu près inutile, en le reléguant au deuxième rang, le précieux animal qui a été si longtemps notre meilleur auxiliaire?

Au commencement, de tous les animaux dont il pouvait disposer, le fauconnier choisit tout naturellement le chien pour venir en aide à ses oiseaux; c'était évidemment, de toute l'espèce, le plus doux et le plus malléable.

Telle est l'origine de notre chien d'arrêt.

Il fut appelé d'abord *chien d'oysel;* ce n'est que plus tard, comme nous le verrons, qu'il reçut d'autres qualifications.

« Afin que votre tiercelet, écrivait le duc François de Guise au connétable de Montmorency, ne faille à trouver la perdrix, je vous envoie un jeune braque pour l'y aider. »

Au début, utilisé seulement à chercher et à faire partir le gibier, poil et plume, pour le prendre avec l'autour et les faucons, avec l'autour, plus communément, le rôle du chien, à ce moment, se réduisait à celui très-simple de bon *choupilleur;* on n'exigeait que beaucoup de nez, une grande docilité, pas de brusquerie et une obéissance absolue. Vivant, dès lors, avec les oiseaux de vol dans l'intimité la plus parfaite, une admirable entente et des plus cordiales ne tarde pas à s'établir entre ces deux bêtes qui semblent avoir été créées pour nos plaisirs, et que nous avons la sottise de méconnaître tous les jours.

C'était plus particulièrement à la chasse du lièvre avec l'autour que le chien d'oysel intervenait d'une manière merveilleuse en saisissant, par le train de derrière, le lièvre que l'oiseau avait lié sur la tête, et qui l'eût infailliblement entraîné, blessé peut-être, sans l'arrivée de son collaborateur dévoué (1). Mais lorsque les Italiens imaginèrent le menu plomb, qui permit de faire usage à la chasse du fusil à mèche et à rouet, la fauconnerie recevait une atteinte dont elle devait mourir plus tard. Quant au chien, loin de perdre en importance, il devint indispensable à la chasse du menu gibier. Pour rendre le tir plus facile et plus agréable, — on tirait posé, — il était donc nécessaire qu'il arrêtât. Il fit plus, il se couchait. De là le nom de *chien couchant* qui lui est resté longtemps.

Avec le fusil à mèche et la grenaille, le chien d'arrêt était fait, mais il n'était encore qu'une exception, une ébauche; ce n'est qu'après l'invention du fusil à silex, que son éducation fut parfaite et sa mission réellement confirmée.

A cette époque, et bien avant, on appelait *braques* tous les chiens à poil ras avec les oreilles pendantes.

D'où vient ce mot *braque* avec ses synonymes de *brache*, *brachet*, *braquet*, *briquet*, donnés indistinctement au chien d'arrêt à poil ras et à une espèce de chiens courants? Les étymologistes ne sont pas d'accord du tout, et, certes, ce n'est pas l'imagination qui leur a fait défaut. Les uns font dériver braque de *brachus*, qui signifie, en grec, *petit*. D'autres l'empruntent au provençal *brac*, et aux Italiens qui disent

---

(1) On donnait à ces chiens le nom de *hapihuhant* (chien d'autour).

LE BRAQUE DE LA VIEILLE RACE FRANÇAISE.

Robe blanche et marron, mouchetée de taches de même couleur; poil un peu gros. — Tête forte, carrée et cassée, babines tombantes. — Des fanons. — L'oreille plantée bas, longue. — L'épaule, droite, est grasse; le coude n'atteignant pas le dessous du corsage. — La poitrine large et profonde. — Rein solide, légèrement bombé dans sujets de choix. — Le fouet gros, attaché bas. — Les pattes fortes, grasses. — Le pied rond et large, les ongles gros et forts. — En. B.

bracco, *bracchi*, s'appuyant sur ce fait que le braque nous vient d'Italie.

Quant à moi, étranger autant qu'il m'est permis de l'être à la technologie, et plein d'ailleurs de respect et d'admiration pour le savoir des lexicographes, j'ai néanmoins voulu émettre, à mes risques et périls, une supposition. Pour cela, je n'ai eu qu'à me rappeler que je sais l'allemand. C'est ainsi que j'ai trouvé une origine au mot *braque*, mais tellement naïve et simple, que c'est à peine si j'ose en parler, tant je suis étonné que les théreuticographes les plus renommés aient dépensé, sur ce sujet, une aussi forte somme d'érudition.

Les Allemands ont donné le nom de *brachvogel* au courlis, et de *brachlerche* à la farlouse, parce que ces deux oiseaux habitent les friches et les jachères, deux mots qui se traduisent par *brachacker* et *brach*. Or, comme les chasseurs au chien d'arrêt ne chassaient guère que dans les grandes jachères, très herbeuses, pour cela très aimées du gibier, alors qu'on n'avait pas les prairies artificielles et que l'état de l'agriculture était très arriéré, n'est-il pas tout naturel de croire que ce chien appelé d'abord chien d'*oysel*, parce qu'il servait à la chasse avec l'oiseau, ait reçu le nom de *brachhund* (chien de jachère) et par abréviation, *brach*, que nous avons pris à nos voisins, et dont nous avons fait braque? Du reste, dans beaucoup de pays encore, on appelle *chien de plaine* le chien d'arrêt, et *chien de bois* le chien courant.

J'ai dit plus haut que le nom de braque, braquet, et par corruption, briquet, servait aussi à désigner des chiens courants de petite taille (beagles). Ces chiens sont peu estimés par René de Maricourt, dans son *Traité de la chasse du lièvre et du chevreuil*.

« Et ne fault néanmoins les briquets pour la chasse du lièvre, parce que les briquets traversent et tiennent mal les voyes, estant le propre des briquets de courre le conil. »

Je ne me serais assurément pas préoccupé de l'opinion de Maricourt sur ces chiens courants, qui n'ont que faire dans un livre où il n'est parlé que de chiens d'arrêt, si les valets qui conduisaient les équipages de briquets n'avaient reçu le nom de *braconniers*, de *briquet et bracon*. Cette étymologie de ce nom devenu néfaste, tous nos lecteurs ne la connaissaient peut-être pas.

A cette époque, ce nom de braconnier, loin d'être offensant pour celui qui le portait, était au contraire un titre entouré d'une certaine considération. Il en fut ainsi tant que les *braconniers* se bornèrent à concourir, avec les louvetiers, à la destruction des animaux nuisibles. Mais du moment qu'ils ne se contentèrent plus des dons volontaires des habitants de la campagne, qu'ils se rendirent odieux par leur avidité et leurs exactions, perdant tout prestige, ils furent méprisés par le pauvre comme par le riche, et, dès lors, le nom de braconnier devint le synonyme de voleur de gibier et de maraudeur.

Avant d'en finir avec cette question scientifique, peu récréative, j'en conviens, je rectifierai, en passant, l'erreur dans laquelle est tombé l'un de nos écrivains actuels, qui prétend, dans son livre sur les chiens, que l'expression *braque* date du commencement du seizième siècle; c'est inexact.

Christine de Pisan l'emploie dans son *Histoire de Charles V*, III, chap. XLIV :
« Et le Daulphin luy donna deux très beaulx braches à collier d'or et belles laisses. »

Je trouve une autre preuve à l'appui dans les vers suivants, que j'emprunte au *Trésor de Vénerie* (quatorzième siècle) :

« Mais là le sage *braconnier*
« Doit savoir, comme bon coustumier,
« S'il a chien qui se prenne garde
« Du change, et celui ayme et garde. »

L'histoire des chiens fourmille de prodiges de courage, d'abnégation et de dévouement pour nous; tout y est beau et vrai, plus que dans notre propre histoire; pourquoi ne pas se piquer de plus d'exactitude quand on parle d'une race si noble et si distinguée?

Après notre grande Révolution, qui venait d'abolir les privilèges seigneuriaux, tout le monde voulut chasser et goûter au gâteau de l'ex-féodalité. Cela devait paraître si bon!

Des esprits faussés par les exagérations de l'époque prétendaient que, le gibier étant à tous, il fallait qu'il fût permis à chacun de le chasser partout et en tout temps. Mais le morcellement de la propriété ayant fait tout le monde, à peu de chose près, propriétaire, on conçoit que ces déclamations soient restées sans écho.

L'ordre une fois rétabli, on réglementa démocratiquement, tant bien que mal, le droit de chasse. Dans l'intérêt de l'agriculture autant que pour la conservation du gibier, il fut décrété que l'ouverture et la clôture de la chasse auraient lieu à des époques déterminées, que chacun pourrait chasser sur son terrain ou sur celui sur lequel il serait autorisé à chasser, à la condition, toutefois, qu'on se serait muni d'un permis de port d'arme.

Après ce qui venait de se passer, on aurait eu mauvaise grâce à se plaindre, assurément; aussi les grands propriétaires, l'aristocratie nouvelle, s'arrangèrent-ils de cette législation ; ils eurent des gardes, du gibier et de bons chiens, en général des braques. Ceux qui ne possédaient que quelques arpents de terre, et même rien du tout, prenaient un port d'arme et chassaient sur tout le territoire des communes dont la chasse était banale; mais ils n'étaient que tolérés, sous les yeux d'un garde champêtre, alors animé envers les chasseurs un peu généreux des intentions les plus conciliantes.

De cet état de choses, il surgit beaucoup de chasseurs et beaucoup de chiens; ceux des gens riches, en général, étaient bons et bien dressés par des gardes qui chassaient réellement dans ce temps-là. Tous ces chiens, de race française, appartenaient à la famille des braques et des épagneuls.

Notons que nous sommes encore en plein âge du fusil à silex (époque de la Restauration).

Pour bien tirer avec une arme aussi imparfaite, il fallait être doué de beaucoup d'adresse, d'énormément de sang-froid et pratiquer souvent. Aussi, un véritable bon tireur était-il assez rare ; eu égard au nombre, il y en avait à peine un où à cette heure on en compte facilement dix ; mais les chasseurs chassant bien, comprenaient réellement la chasse et leurs chiens, étaient incontestablement plus nombreux que de nos jours.

J'ai fait mes débuts avec un fusil simple et à silex; pour bien se rendre compte de ce qu'était cette arme, il faut en essayer aujourd'hui, ce n'est qu'à cette condition qu'on peut vraiment apprécier le mérite incontestable qu'il y avait à tuer un chevreuil ou un lapin qui saute une route, à peloter une perdrix qui vous passe sur la tête comme une balle. — Allez à une battue de perdreaux avec un fusil à pierre, et vous m'en direz des nouvelles !

Mais qu'étaient donc ces chasseurs et leurs chiens? Comment procédaient-ils? Nous étaient-ils réellement si supérieurs?

Pour ne pas être taxé de prévention et de partialité, je ne répondrai pas à ces questions; je mettrai simplement en scène mon père et son ami, M. Henri de Pinteville, sous lesquels j'ai fait mes premières armes.

Mon père avait de fréquents accès de goutte qui le clouaient sur sa chaise; à ce moment, M. de Pinteville ne manquait jamais, après une chasse, de venir lui raconter ce qu'il avait fait dans la journée. Il arrivait presque toujours que la conversation de ces deux praticiens dégénérait en une polémique souvent très vive, mais toujours des plus courtoises.

J'ai assisté bien des fois à ces discussions; j'en fais encore mon profit, elles étaient très instructives.

Ces messieurs parlaient rarement de leurs fusils, de leur portée, de la poudre et du plomb, achetés chez Chasteau, arquebusier du roi, à Versailles; leur confiance était absolue, et, quand ils tiraient mal, ils ne s'en prenaient pas à leur arme, mais à leur maladresse.

Le thème favori, inépuisable, de leurs conversations, c'était le chien, la meilleure manière de l'élever, de le dresser, les différentes races, etc.

Sur ce terrain, M. de Pinteville et mon père tombaient rarement d'accord; le premier n'avait d'estime que pour le braque léger, de grande quête. Ses deux chiens, *Flore* et *Perdreau*, deux ravissantes bêtes, admirables à la chasse, avaient été dressés sans collier de force, sans fouet, rien que par la douceur et les bons procédés. M. de Pinteville avait horreur des instruments de torture, qu'il croyait inutiles; chez lui, tout le monde se mêlait à l'éducation de ses chiens; la mise au rapport, l'obéissance, aller à l'eau, tout cela, on l'obtenait des jeunes chiens sans correction et en jouant.

Mon père, au contraire donnait toutes ses préférences au gros braque, plus lourd, plus épais, dont la race était conservée soigneusement dans notre famille.

— Je ne connais de réellement agréable à la chasse, disait-il à son ami,

BRAQUE FRANÇAIS DE L'ANCIENNE RACE. (2e type.)

que le chien d'une obéissance parfaite, chassant sous le canon du fusil, revenant au moindre signe, au premier coup de sifflet. Cette soumission entière, cette grande docilité, quoi qu'on fasse, je prétends qu'on ne l'obtiendra complète qu'au moyen de corrections données à propos ; cela est si vrai, qu'il est à peu près impossible qu'un chien rapporte franchement s'il n'a pas été mis au collier de force. Vous, mon cher Henri, aveuglé par votre affection, vous voyez dans le chien une personne raisonnable, sensible, ayant droit aux mêmes égards qu'une jolie femme; un peu plus, vous me rendriez les coups de fouet que j'ai donnés à mon brave Phanor. Eh bien, mon cher ami, c'est là une erreur, et, dussé-je vous déplaire, tant que je vivrai, je vous soutiendrai et vous prouverai au besoin, qu'avec certains chiens, il est absolument nécessaire d'avoir recours aux châtiments, souvent les plus rigoureux.

Maintenant, ce qui m'étonne de vous et de votre intelligence c'est de vous voir accorder aussi peu d'attention au caractère particulier de nos différentes races de braques, qui se distinguent entre elles par des aptitudes spéciales.

Certes, vous ne pouvez pas ignorer que dans une portée, au moral comme au physique, tous les chiens en grandissant ne se ressemblent pas, et que les tempéraments varient souvent beaucoup; qu'il y en a de nerveux, de lymphatiques, de très craintifs ou de très hardis. N'est-il pas évident que vos braques n'ont absolument rien de commun avec la race que j'affectionne et que j'estime au-dessus de toutes les autres, à tort ou à raison?

Vos chiens appartiennent à la famille des braques élégants aux formes aristocratiques et légères; ils ont de la taille, le cou bien attaché, plutôt long que court, les membres un peu grêles, mais secs et nerveux. Leur tête est jolie, les yeux, qui sont petits et ronds, lui donnent une expression mutine qui plaît; le museau est plutôt pointu que carré, les babines ne pendent pas, les oreilles, plantées un peu haut, sont fines et coiffent bien la tête. La poitrine manque d'ampleur, comme le rein, le coffre est bien fait, le fouet est ténu, fin et osseux, le pied, quand il est fermé, ressemble bien à celui du lièvre : ils sont constamment blanc-marron et blanc-jaune, le blanc domine; le poil est très ras et soyeux ce qui fait que cette race convient mieux à la chasse en plaine qu'au bois, et dans les pays d'ajoncs et de ronces. Ces braques se donnent beaucoup de mal, quêtent bien, en zigzag, le nez haut, leurs qualités olfactives sont incontestables, mais ils ont des dispositions à s'emporter. Je connais peu de chiens retrouvant mieux une pièce démontée, et arrêtant avec plus d'élégance et plus ferme, quand une fois ils tombent en arrêt. Cette espèce, par sa constitution délicate, ne résiste pas à trois ou quatre jours d'ouverture ; cependant, ce braque-là endure bien la chaleur, et, quand d'autres chiens n'ont plus de nez, il en a encore.

Après cette description, direz-vous que je ne connais pas vos chiens et que je ne les apprécie pas avec impartialité.

Certes, vous avez le droit d'en être fier, puisque vous avez en eux incontestablement une des plus belles branches de la noble et jolie race des braques légers. Leur distinction, du reste, justifie assez l'origine royale que votre excellent père se plaisait à leur trouver. — C'est immédiatement après la rentrée des Bourbons en France qu'il les a achetés à un ancien garde-chasse de la riche abbaye d'Argensols ; on appelait ce garde le père Mouton. Il y avait une chienne et un chien ; la chienne, *Diane*, était pleine : le chien, *Phœbus*, était superbe et bon. On ne sait comment, de serviteur de Mme la supérieure, qu'il était, Mouton resta garde des mêmes forêts confisquées par l'État; comme un chien fidèle, il est mort sur les ruines de l'abbaye, dans une maisonnette échappée au marteau de la bande noire, qui a démoli et vendu en détail les bâtiments et les meubles de l'établissement religieux. Au milieu de la tourmente révolutionnaire, Mouton chassait ; il chassa toujours, tant qu'il put marcher ; ce n'est que quand ses jambes refusèrent tout service, qu'il se décida, le cœur bien gros, à se défaire de ses chiens, avec lesquels il avait partagé pendant bien longtemps le morceau de pain que lui procurait son fusil.

Sur la fin de sa carrière, et au commencement de la mienne, votre père m'emmenait souvent chasser aux chiens courants dans les bois d'Argensols. Nous ne manquions jamais de visiter le père Mouton, que nous trouvions assis sur un banc de pierre, au soleil, devant sa porte, invariablement vêtu de son vieux frac vert usé, au collet et aux parements amarante qui était la livrée de la maison d'Argensols.

Comme ce brave homme paraissait heureux de nous voir et d'entendre dire que Diane et Phœbus allaient bien !

C'était à cette occasion qu'il répétait, ce qu'il avait dit cent fois déjà, que ses chiens descendaient certainement de la race des chiens blancs du roi ; qu'il le tenait de son père, qui lui avait raconté qu'un jour, un valet tout galonné, venant de Versailles, avait amené à Argensols une paire de braques que M. le comte de Vaudreuil, capitaine du vol pour les champs, à la fauconnerie du roi Louis XV, offrait à sa tante Mme de Vaudreuil, alors abbesse de l'abbaye (1).

Vous souvenez-vous, lors de notre visite, il y a quelques années, au palais de Fontainebleau, combien nous avons été frappés de la ressemblance de vos chiens avec ceux de Louis XV, peints par Oudry ?

Néanmoins, si les prétentions du père Mouton peuvent ne pas être fondées, et si les chiens d'Argensols ne sont pas parents des chiens blancs du roi, il est certain, pour moi du moins, que ceux-ci sont infailliblement originaires du Poitou, qui est la patrie du braque blanc-marron, aux formes légères et élégantes (2).

J'ai entendu des amateurs, peu sérieux il est vrai, en parlant de cette race, la faire venir d'Angleterre, confondant ainsi le fait, qui est vrai, de l'introduction en France du chien courant, avec le chien d'arrêt. C'est une grande erreur, puisque, à cette époque, ce sont les Anglais, au contraire, qui nous demandaient ou nous prenaient nos chiens pour la chasse à tir et avec l'oiseau. Pour prouver l'exactitude de cette assertion, il suffit de se souvenir que le roi Louis XIII envoya en présent à Jacques Ier, roi d'Angleterre, des faucons, des chevaux et *douze chiens d'arrêt*.

Après cela, je le répète, pouvez-vous nier, mon cher Henri, que je connaisse bien vos chiens et toute leur histoire, que vous ne connaissiez peut-être pas ?

---

(1) Par *chiens blancs du roi*, on entend généralement des chiens courants ; cependant les braques que Desportes et Oudry ont transmis à la postérité en faisant leur portrait étaient presque entièrement blancs de pelage et avaient, avec les *chiens blancs du roi*, un air de parenté que ceux-ci devaient probablement à leur grand'mère, la braque blanche et fauve d'Italie.

(2) Cette opinion de mon père se trouve parfaitement confirmée par l'existence, dans les environs de Poitiers, du braque blanc-marron, très commun dans cette contrée. Du reste, à la longueur du museau près, c'est le chien Dupuy.

Examinons maintenant le chien dont mon grand-père, mon père et moi nous nous servons, au pelage marron moucheté et qu'on rencontre un peu partout, ne variant que par la taille et la conformation de la tête; alors vous jugerez combien il diffère du braque blanc-marron, léger, par le caractère et la manière de chasser.

Mon braque est un bon bourgeois de chien, aussi simple dans sa tenue que modeste dans ses prétentions; ne visant nullement à l'élégance, tout son mérite, toutes ses qualités sont dans sa tête, chez lui le moral domine le physique. Mais, par exemple, ses formes sont solides, un peu épaisses même; chose étrange, ici, le gros ne nuit pas à l'ensemble de la conformation. La tête de tous les braques marrons mouchetés qui sont bien de race est grosse, l'œil est plutôt petit, comparé au volume du crâne, le museau est court, les narines sont bien ouvertes dans un nez très fort; les oreilles, bien proportionnées, donnent à toute la tête, avec l'expression des yeux, un air de douceur et de bonté qui plaît tout d'abord. Les lèvres sont légèrement pendantes. La longueur des épaules et l'ampleur de la poitrine expliquent le fond et la vigueur. Lorsque le cou est court, ce qui se rencontre chez quelques sujets, l'animal prend de suite un aspect lourd et commun d'un chien qui serait trop gras, un air de poney. Mais ce défaut est une exception. Le dos et la croupe sont arrondis et bien modelés. La grosseur des jambes, la largeur du pied, l'épaisseur du fouet, manquent de distinction.

Le braque de cette famille aime beaucoup la chasse; cependant il quête avec calme, ce qui lui permet de résister à la fatigue. J'ai chassé huit jours de suite avec le même chien. On lui reproche de quêter trop droit devant le chasseur, de ne pas battre assez à droite et à gauche, conséquemment d'oublier du gibier. Je trouve qu'il rachète bien ces défauts par sa grande finesse de nez, qui est unique, par ses arrêts de statue. Dans un pays où il y a des cailles, ce chien est incomparable. La conformation de son crâne, la largeur du front, le renflement de la tête aux tempes, font préjuger un grand développement du cerveau, conséquemment beaucoup d'intelligence; aussi, les faits de sagacité, de dévouement, de fidélité et de courage qui honorent l'espèce canine et font notre admiration, ont-ils été presque tous accomplis par des braques. Je serais, toutefois, partial, si, aux imperfections que j'ai signalées plus haut, je n'ajoutais pas le défaut de l'entêtement et d'une grande force de volonté pour résister au commandement, à désobéir enfin. Sans fouet ni corrections, sans le collier de force, autant vaudrait chasser avec un chien de la barrière du Combat.

Malheureusement, le beau, le grand braque marron moucheté, comme ceux qui sont dans ma famille et que nous conservons avec soin, commence à devenir rare. On finira par tout gâter par les croisements irréfléchis des chasseurs ignorants. Ces chiens croisés, du reste, on les reconnaît facilement. Ils ont moins de taille; grands, ils sont efflanqués avec la poitrine étroite et les membres grêles. La tête est plus petite, le museau est plus pointu. Le pelage originel a résisté.

En me racontant, l'autre soir, l'histoire de la chienne de M. Champin, votre fermier, vous m'avez dit qu'elle lui avait été envoyée du Bourbonnais; laissez-moi vous parler de cette variété de braque que j'ai en grande estime.

Ce chien, pour moi du moins, n'est pas autre chose que le braque marron moucheté, modifié dans sa structure par des circonstances et des milieux divers, qu'il est assez difficile d'expliquer. Il est plus trapu et un peu plus lourd, sans fanons et sans de trop longues oreilles. Il naît, non pas sans queue, comme on l'a écrit si souvent, il en a une, seulement elle n'a que deux ou trois pouces de long; elle n'est ni bistournée ni tordue comme dans certains bull-dogs et bull-terriers. Maintenant, d'où vient cet écourtement qui semble héréditaire? On a essayé d'en attribuer l'origine à l'habitude que nous avons de couper une partie du fouet à nos chiens; alors ces queues ainsi raccourcies se seraient transmises et seraient devenues naturelles. Cela est si vrai, disent les partisans de cette hypothèse, que, dans une portée de chiens d'une mère et d'un père à courtes queues, il y aura encore longtemps de leurs enfants qui auront la queue courte et d'autres la queue longue. Ceux d'une opinion contraire, et qui croient à l'hérédité originelle, ne veulent voir dans cette bizarrerie que les conséquences d'un rappel de race, d'une alliance éloignée avec un sujet à queue longue, un accident, un cas purement exceptionnel. Mais, puisque les *lionnes* de Pékin, pour se donner un air distingué, se privent de leurs pieds en les mutilant, en les enfermant dans des bandelettes de soie pour les empêcher de croître, même pour ne pas en avoir du tout si elles pouvaient, pourquoi ne charge-t-on pas notre ambassadeur de voir un peu s'il ne naît pas là-bas, dans le Céleste Empire, des enfants sans pieds ou des quarts de pieds? Ce serait, il me semble, un excellent moyen pour éclaircir la question de la transmission.

En attendant, si le doute plane sur la cause de la courte queue des chiens du Bourbonnais, nous avons, en revanche, la certitude qu'ils ont un nez excellent, un arrêt remarquable, qu'ils trouvent à merveille le gibier, blessé ou non. Nous savons encore que si ce braque a une quête médiocre et peu animée, il a une aptitude des plus remarquables pour la chasse de la bécasse et de la bécassine.

Malgré le plaisir que Louis XIV trouvait à dresser lui-même ses chiens couchants, il n'est pas moins vrai que mettre un chien au rapport, le faire aller à l'eau, lui donner du rappel, faire son éducation, enfin, c'est là un travail assurément fort pénible et qui ne convient pas à tous les tempéraments. Eh bien, avec un grand nombre d'élèves bourbonnais, il arrive souvent qu'on en est affranchi, qu'on n'a rien ou peu de chose à faire, parce qu'ils naissent, pour ainsi dire, tout dressés, c'est-à-dire qu'ils se dressent tout seuls, ce qui du reste n'est pas rare chez nos braques de race pure. Voilà, certes, un avantage qui rachète bien des imperfections.

En ce qui concerne l'origine du chien du Bourbonnais, qui constitue aujourd'hui une race à courte queue, il ne faut pas la chercher ailleurs que chez le braque marron de grande taille, la première, la plus ancienne de nos races. Ceci une fois admis, il n'est plus douteux que les familles où les sujets naissent invariablement avec la queue courte ont dans leurs veines le sang pur et si précieux de la race primitive dont elles descendent.

Un mot sur le braque navarrais, à cause de sa ressemblance avec notre chien à courte queue et nos braques en général. C'est la même manière de chasser; seulement, le braque navarrais est moins bien fait, pas aussi musculeux, et moins roulé. Il y en a cependant dans les Pyrénées qui, la queue coupée, eussent ressemblé aux braques du Bourbonnais. Faut-il, pour cela,

LE BRAQUE SANS QUEUE DU BOURBONNAIS.

Robe blanche et marron clair ou fauve, mouchetée de petites taches de même couleur. — Poil demi-fin. — Tête carrée.. — Peu de fanons. — L'ore de moyenne longueur, plantée un peu plus haut que chez le vieux braque français. — Le rein court et solide. — Poitrine large. — L'épaule obli musculeuse. — Le coude atteignant presque le bas du corsage. — Le jarret sec et long. — Le pied rond. — Le fouet !... attaché haut. — Er. B.

conclure que nos braques sont originaires d'Espagne, de cette espèce de braques très estimés du temps de Sélincourt, qui *arrêtaient tout et chassaient de haut nez*, ressemblant beaucoup au vieux braque français par sa grande taille, sa grosse tête, ses formes robustes, la longueur de ses oreilles, son museau carré, la grosseur de son nez, ses lèvres pendantes, son cou épais et ses pattes longues et fortes, surtout si, à cette analogie avec nos chiens, on ajoute que le poil était ras et le pelage ordinairement blanc avec de grandes taches brunes? Les plus purs étaient à deux nez. — Que dites-vous, mon cher de Pinteville, de cette particularité, — le double nez, — qui se présente parfois chez les braques français?

Certes, si l'hésitation et le doute sont permis, c'est incontestablement dans cette circonstance. L'épagneul vient d'Espagne, pourquoi nos braques à poil ras n'en viendraient-ils pas? Nous avons bien le braque du Bengale d'origine indoue, — vous entendez, d'origine indoue, — et qui, dit-on, ressemble, comme deux gouttes d'eau, au braque français; qui s'oppose alors à ce que les Espagnols, qui ont été de très grands chasseurs, nous aient donné un braque quelconque, catalan ou biscayen, dont nous avons fait les premiers les meilleurs chiens d'arrêt du monde?

Mais ceci est oiseux, et là n'est pas la question. Ce que je tenais à vous démontrer, et j'espère bien y avoir réussi, ce sont les différences très grandes qui existent entre les races, comme chez les individus pris isolément; ce que je voudrais vous faire comprendre, c'est que, par leur caractère, leur tempérament, leur système nerveux et leurs qualités individuelles, il est de toute impossibilité de s'arrêter à un mode d'éducation unique, ainsi que vous le conseillez. Vos chiens, que vous mettez toujours en avant, et qui sont remarquables, j'en conviens, ne sont pour moi qu'une rare exception qui vous fait oublier que tous les chasseurs, au lieu d'avoir, comme vous, une dame chanoinesse pour dorloter, élever leurs chiens dans du coton, n'ont le plus souvent que des domestiques, des cuisinières d'humeur aigre qui leur flanquent des coups de pincettes. Vous avez, mon bon Pinteville, deux poches à votre veste; remplissez l'une de bonbons puisque cela vous est agréable, mais dans l'autre, croyez-moi, au lieu d'un plumeau, mettez-y un petit fouet, et vous

vous en trouverez bien, c'est moi qui vous le dis, c'est éblouissant d'évidence.

Mon père terminait presque toujours ces longues discussions par quelques traits de plaisanterie taquine à l'adresse de son adversaire.

A ce moment, M. de Pinteville, qui connaissait son homme, qui d'ailleurs s'était cristallisé dans son opinion, rompait les chiens en levant le siège; mais, avant de tirer sa révérence, il manquait rarement de me dire : « La Jeunesse, — il ne m'appelait jamais autrement, — demain j'irai à la chasse ; viens me prendre à neuf heures, si toutefois monsieur ton père veut bien te le permettre. »

Ces sortes d'invitations affectueuses, chaque fois qu'elles se renouvelaient, me faisaient un plaisir infini. Dans mon impatience, j'arrivais habituellement un quart d'heure trop tôt. J'aimais beaucoup assister aux préparatifs de M. de Pinteville, à le voir s'habiller et garnir sa carnassière de tous les objets dont il pouvait avoir besoin à la chasse.

Rien ne me le rappelle mieux que les portraits et la tenue du roi Charles X, à une chasse à tir.

M. de Pinteville n'avait que trois fusils, celui de son père, le premier qu'il avait porté et un autre qu'il avait acheté plus tard. Entre les deux canons, la bande était creuse; un tiers de la longueur des canons, vers la culasse, était à huit pans et très léger du bout. La crosse était garnie d'un coussin en velours vert, les batteries irréprochables, les bassinets revêtus d'une chemise en platine, toutes les garnitures en argent. Mon père et M. de Pinteville avaient adopté le calibre 22, la charge invariable de 60 grains (3 grammes 1 centigramme) et de 25 grammes de plomb.

Chaque fois, Mme d'Andilly assistait sur le perron au départ de son neveu ; elle lui faisait de ces recommandations pleines de sollicitude, comme les femmes seules qui aiment savent en trouver dans leur cœur.

A notre arrivée dans la cour, à la vue de nos fusils et de nos guêtres, il fallait voir les bonds, les cris et les joies de Perdreau et de Flore !

Mais en temps d'ouverture, nous étions au 8 septembre, M. de Pinteville alternait avec ses chiens pour en avoir toujours un de reposé. Aujourd'hui, c'était au tour de Flore de rester. Pauvre Flore! M. de Pinteville la renvoie à sa tante qui l'appelle ; elle va lécher les mains de Mme d'Andilly, puis retourne à son maître, qui la renvoie encore. Placée entre deux affections, suppliante, elle tourne sa jolie tête tantôt d'un côté, tantôt d'un autre. L'instinct, la passion de la chasse, l'emporteront-ils sur l'attachement et l'obéissance? Elle hésite; ses yeux si intelligents semblent demander conseil. Que de prière et quel reproche dans ce regard!

Pour mettre fin à cette pénible lutte, Mme d'Andilly la prit par le collier et l'emmena en lui disant toutes les tendresses de son répertoire le plus affectueux, car il faut qu'on sache que Flore est sa chienne favorite depuis le jour où M. de Pinteville était tombé dans un puits de 3 à 4 mètres de profondeur, comme en creusent souvent les ouvriers champenois pour avoir de l'eau dans les plantations de sapins, qui sont parfois très épaisses. C'est aux hurlements, aux cris plaintifs poussés par sa chienne, restée sur le bord du trou, que M. de Pinteville dut d'être tiré de là par un laboureur accouru au bruit et qui lui tendit un des traits détaché du collier de son cheval.

On comprend maintenant la place que Flore occupe dans le cœur de Mme d'Andilly, qui dit, à qui veut l'entendre, que certainement M. de Pinteville doit la vie à sa chienne.

Nous étions au Mesnil dans les meilleures conditions pour satisfaire tous nos goûts de chasseurs; nous avions de tout : belle chasse de primeur en plaine, une admirable ouverture dans les vignes, après la vendange, et, au-dessus du vignoble, l'immense plateau qui s'allonge jusqu'en Brie, recouvert de vastes forêts très giboyeuses, et d'étangs nombreux peuplés de sauvagine. Dans toute la commune, il n'y avait que quatre ports d'armes : M. de Pinteville, mon père, moi, depuis deux ans, et un sous-lieutenant retraité que nous ne pouvions pas voir. Il tuait les lièvres au gîte qu'il apercevait de fort loin, pour les vendre au boucher ou les échanger contre de l'épicerie.

En cinq minutes, nous étions hors du village et en chasse.

Au mois de septembre, M. de Pinteville ne commençait jamais à chasser qu'après la chute de la rosée, pour le nez de ses chiens et parce que les perdreaux, n'étant pas encore dans les couverts, sont inabordables et se laissent peu arrêter.

Pour la même raison, il ne chassait jamais qu'à bon vent. Avant de partir, il consultait toujours la girouette et son baromètre.

— La Jeunesse, vois-tu là-bas cette belle pièce de trèfle? Nous allons y aller; j'y connais une compagnie de perdreaux, nous y trouverons deux ou trois cailles, si elles ne sont pas parties.

Mon maître, pour aller d'une remise à un autre, tenait habituellement son chien derrière; ce n'est qu'au mot *cherche!* qu'il devait se mettre en quête. C'est surtout quand les perdreaux avaient de l'aile qu'il prenait cette précaution.

— Attention! Perdreau rencontre; le voilà en arrêt. Au mouvement de sa queue, ça doit être une caille.

En effet, deux cailles partent, une à gauche et l'autre à droite. M. de Pinteville tue la sienne, une vieille; moi, je manque un cailleteau.

— C'est bien fait; fi! le vilain, tirer un pouillard qu'il prendrait à la main! Quel plomb avais-tu donc dans ton fusil!

— Du 6, Monsieur.

— C'est trop gros; prends du 7 et mets au droit, ça tombera, je t'en réponds.

Nous rechargeons nos fusils, sans nous presser et en silence; Perdreau est assis sur son derrière, à côté de son maître.

— Ah! diable! voilà une compagnie de perdreaux qui part; nos coups de fusil l'ont effrayée. Mais un se sépare; bon! ils se remettent dans le sarrasin où nous allions aller. Le perdreau séparé s'est posé, à droite, dans un chaume. Nous irons d'abord à celui-là, pour donner le temps à la compagnie de se rassurer. Un perdreau seul se laisse mieux arrêter, et puis, c'est plus facile à tirer.

En allant à la remise, un lièvre nous partit d'effroi, hors de portée. Perdreau le poussa cinquante pas environ; au premier coup de sifflet, il revint tout honteux derrière son maître, qui le caressa.

— Tu vois bien, la Jeunesse, il y a des chasseurs qui eussent battu leur chien; j'en connais même qui, en pareille circonstance, leur envoient un bon coup de plomb dans les fesses ou ailleurs; c'est déplorable! Sais-tu bien ce qui peut arriver avec ce mode barbare de correction qui, du reste, rentre un peu dans le système de ton père? Tout simplement qu'on tue ou qu'on estropie son chien. Tu entendras dire qu'il n'y a aucun danger pour un chien qu'on tire avec du petit plomb, à une distance de 60 à 80 mètres. C'est là, mon jeune ami, une grande erreur, erreur qui a donné lieu déjà à de nombreux accidents. Le plomb ne s'écarte pas toujours à peu près uniformément; plusieurs grains parfois se réunissent en grappe et font balle à quatre-vingts pas. La formation de la grappe se produit plus fréquemment qu'on ne le croit, avec n'importe quel plomb, avec n'importe quelle charge, surtout quand les canons du fusil sont encrassés. Ce phénomène, mon jeune ami, nous oblige à la prudence pour nous aussi bien que pour les bons et excellents compagnons de nos plaisirs.

Nous ne marchions pas depuis cinq minutes dans le chaume que Perdreau tombe en arrêt tout à coup, la tête à la queue, comme s'il eût été pétrifié.

— Approche, me dit M. de Pinteville, et ne te presse pas. Bravo! bien peloté!

Nous allâmes à la compagnie.

Dès notre entrée dans la pièce de sarrasin, Perdreau, le nez haut, éventa les perdreaux; il nous mena droit dessus, en marquant de temps en temps l'arrêt, il se retournait comme s'il eût voulu nous dire : « Ils sont là! » Enfin, le cou allongé, une patte levée, il ne bougea plus. Quelle pose! quel ravissant spectacle, et, aussi, quel admirable chien!

La compagnie s'enleva en bloc de mon côté; je tirai dedans sans viser, rien ne tomba. Deux perdreaux, qui s'étaient détachés, passèrent à M. de Pinteville; il abattit le premier, il manqua le second.

— Ah! ah! mon bonhomme, tu n'as rien tué, ça t'apprendra à te presser, à tirer sans viser. Ils t'ont parti beaux cependant. Tu n'es pas le seul qui fasse des fautes, console-toi; je viens d'en faire une aussi, moi; j'ai tiré le second perdreau de beaucoup trop loin; on ne devrait jamais tirer au-delà de quarante pas, il y en avait plus de cinquante.

Plus loin, un levraut me déboula dans les jambes; au lieu de le laisser filer et de prendre mon temps, je me pressai encore trop; cependant je le blessai grièvement de mon second coup. Bien des chasseurs n'eussent pas résisté au plaisir de le laisser prendre par leurs chiens; M. de Pinteville rappela Perdreau.

— Oh! quel dommage, Monsieur! si vous aviez laissé faire votre chien, le lièvre n'aurait pas couru à plus de cent pas.

— Tu crois, mon jeune ami? Et si ton lièvre, que tu as eu le tort de ne pas tuer raide, a plus de vigueur encore que tu ne te l'imagines, comprends-tu quelle déplorable leçon j'eusse donnée à Perdreau? Rappelle-toi bien, la Jeunesse, qu'il vaut mieux cent fois perdre un lièvre plutôt que de gâter son chien. Ton lièvre, sois tranquille, nous le retrouverons. Il a pu atteindre le carré de luzerne que tu vois, mais je ne crois pas qu'il en soit sorti. L'ami Perdreau se chargera de nous le dire.

Juste à l'endroit où le lièvre était entré, Perdreau prit la piste et la suivit assez longtemps; enfin, il s'arrêta et se mit à remuer la queue en se retournant de notre côté.

— Tiens! me dit M. de Pinteville, qui avait vu le manège, va chercher ton lièvre, il est mort! Et caresse Perdreau, qui a bien mérité du garde-manger paternel.

Lorsqu'une pièce de gibier allait mourir près d'un laboureur assez honnête pour la rapporter à M. de Pinteville, il la lui laissait toujours en disant :

— Gardez ce gibier et mangez-le aux choux.

Mais l'homme aimable et bienveillant devenait bourru et sec si c'était une paysanne.

L'autre jour, un perdreau, touché en tête, va tomber aux pieds d'une jeune fille qui surveillait des ruches d'abeilles installées près d'un vaste champ de sarrasin en fleur. Elle vint à M. de Pinteville pour lui remettre le perdreau. Il lui dit très sèchement en lui tournant le dos, — il a horreur des paysannes :

— Je ne sais ce que vous voulez, je n'ai que faire de ce gibier.

La pauvre fille, toute bouleversée, vint à moi; je pris le perdreau, que je mis dans ma carnassière. M. de Pinteville, qui m'avait vu, me demanda si j'avais donné quelque chose à cette paysanne.

— Ma foi! non, dis-je, je n'y ai pas pensé ; mais j'ai pris le perdreau parce qu'il est bien à vous.

Alors, tirant d'un gousset de sa culotte une petite bourse en peau, il y prit une pièce de trente sous et me dit :

— Porte ça à cette fille, elle est fraîche, et prends-lui le menton, c'est de ton âge.

Cette petite bourse, attachée à son vêtement, ne le quittait jamais; elle contenait habituellement un louis, un écu de six francs, deux de trois et plusieurs de trente sous; M. de Pinteville l'appelait sa principauté, depuis qu'un bûcheron de la forêt d'Argensols, auquel il avait donné six francs pour porter un sanglier chez le garde, l'avait pris pour un prince.

Et c'est ainsi que nous chassions plusieurs fois par semaine, rapportant toujours sept ou huit pièces, sans détruire le gibier, alors si abondant, sans nuire le moins du monde à la chasse du territoire, si agréable et si belle.

Les choses sont bien changées! Aujourd'hui, il n'y a plus rien; un lièvre est un événement. Que dis-je, il n'y a plus rien! si, il y a trente chasseurs et vingt permis de chasse dans la commune.

La chasse dans les vignes est interdite, et les belles forêts du plateau, si nécessaires à l'alimentation de nos fontaines et à l'hygiène publique, qui ont été aliénées, défrichées par suite de mesures administratives inqualifiables, livrent maintenant à l'action pernicieuse des vents du nord un des plus riches coteaux vignobles de France.

N'est-ce pas là le sombre tableau que nous retrouvons à peu près partout?

J'avais promis à mes lecteurs le portrait d'un chasseur du bon temps, je crois leur avoir tenu parole. Peut-être trouveront-ils que j'aurais pu me dispenser d'entrer dans autant de détails ; je leur en demande mille fois pardon, ces riens, ces minuties étaient absolument nécessaires pour bien faire connaître et apprécier ce qu'étaient nos pères, leurs chiens, leur manière de raisonner et de comprendre la chasse. Mon héros n'est pas une exception, je l'ai tout simplement détaché de cette belle et riche galerie de chasseurs, comme il y en avait tant il n'y a pas plus de cinquante ans, et comme il n'y en aura bientôt plus.

Cependant j'avoue que, en choisissant M. de Pinteville, j'ai été heureux de saisir l'occasion de rendre hommage à la mémoire de l'homme que j'ai le plus aimé et qui a le plus déteint sur ma vie.

Mais nous sommes en 1824.

On vient de trouver l'application de la poudre fulminante aux armes à feu. Cette grande découverte détrône pour toujours le fusil à silex, après un règne de 284 ans, un demi-siècle de plus que la race des Carlovingiens.

Ce qu'il y a de plus remarquable dans la nouvelle arme, c'est l'instantanéité du coup, et l'avantage énorme de la rareté des ratés, si fréquents, par le mauvais temps, avec le fusil à pierre; désormais la pluie même n'arrêtera plus le chasseur; le fusil nouveau part dans l'eau, disaient les enthousiastes.

Nous avons un proverbe qui dit que *le bon tireur fait le bon chien;* il serait plus juste, je crois, de dire *contribue* à faire le bon chien. Les braques de nos pères étaient, en général, excellents, ce qui prouve que, malgré l'imperfection du fusil à silex, ils étaient d'habiles tireurs. Avec le fusil à piston, qui frappe instantanément, le tir étant rendu beaucoup plus facile, il en est résulté que les chasseurs tuaient plus de gibier et faisaient conséquemment de bons chiens.

Alors le nombre des bons et des mauvais chiens augmenta en raison de l'empressement plus ou moins vif que mettaient les chasseurs à adopter le nouveau fusil.

Toutefois, ce n'est qu'après la révolution de 1830 qu'on vit s'accomplir une véritable transformation cynégétique, que le goût de la chasse prit des proportions qui n'ont fait que s'accroître depuis; à la suite du décret rendu par le prince qui venait de monter sur le trône, décret qui mit en adjudication le droit de chasse dans les forêts de l'État, il se forma des sociétés de chasse sur tous les points du royaume. L'exemple était donné; déjà quelques chasses en plaine, où l'on ne chassait qu'au chien d'arrêt, furent louées à des sociétés d'amateurs.

A ces réunions, les chiens français, les braques notamment, étaient encore en majorité. Cependant, parmi ces derniers, on en remarquait qui par leur manque de taille et de distinction s'éloignaient du type primitif que nous

LE BRAQUE SAINT-GERMAIN.

Taille moyenne. — Robe blanche et orange. — Poil très fin. — Tête carrée et cassée. — L'oreille plantée un peu au-dessous de l'œil, plus courte que celle braque français, plus longue que celle du pointer. — Épaule légèrement oblique bien musclée. — Le coude descendant un peu au-dessous du corsage. — poitrine large et profonde. — Le rein fort, légèrement arqué. — Le fouet fin et court, attaché souvent un peu bas. — Les pattes nerveuses, sèches et fin — Le pied étroit, les ongles solides et gros. — En. B.

avons décrit. Ce commencement de dégénérescence, que rien malheureusement n'arrêtera plus, il faut l'attribuer, chose étrange, à la passion de la chasse, qui se propage dans toutes les classes de la société. Les chasseurs, devenus plus nombreux, voulurent avoir des chiens, il en fallait quand même. J'ai connu un garde qui avait un chien et une chienne; ces animaux étaient passables, et frère et sœur; il m'a dit avoir vendu, en un an, deux portées de onze petits à l'âge de deux mois. Les braques qu'on voyait le plus étaient gros, trapus, avec double éperon souvent et la queue coupée très courte; s'ils n'étaient pas beaux, beaucoup chassaient bien, arrêtaient ferme, quêtaient de près, et faisaient tuer, en primeur, plus de gibier à leur maître que les grands chiens d'aujourd'hui. Il est vrai que la chasse des communes n'était pas encore dépeuplée. Ces gros paysans de braques n'avaient pas plus de 18 à 19 pouces.

Je me souviens que c'est à l'une de ces ouvertures, si bruyantes et si nombreuses, que j'ai vu pour la première fois un grand braque noir de cette espèce qui a fait son apparition en France, en 1814, à la suite de l'armée anglaise. Ce chien était très regardé; son maître ne savait auquel répondre; tous ses voisins ont fait couvrir leurs chiennes, fussent-elles épagneules, par le braque noir. Par les résultats que j'ai vus, je puis en conclure que ces croisements, si peu intelligents, avaient lieu un peu partout; un chien de race étrangère venait-il à apparaître, on s'engouait, on voulait avoir de son espèce. Mais il faut rendre justice aux chasseurs de la province, qui savaient résister aux séductions de la nouveauté et s'en tenir aux anciennes races, en ne trouvant rien de meilleur que leurs braques et leurs épagneuls. Le mal a commencé dans les environs de Paris, où l'amour du nouveau se fait sentir plus que partout ailleurs.

Ce n'est que de 1840 à 1850, que le Lefaucheux fut définitivement adopté.

Il n'est pas douteux que l'âge de la capsule et du fusil à piston restera dans notre histoire cynégétique comme la période la plus brillante de la chasse au chien d'arrêt, et conséquemment de nos races nationales. Maintenant, c'est à leur décadence que nous allons assister; nous allons voir comment les armes à charge rapide si simples, si commodes, tout en nous préservant de tant d'accidents, ont occasionné une révolution dans le monde des chasseurs et fatalement déteint sur leurs chiens, qui en ont reçu le contre-coup.

Pour se rendre bien compte de cette vérité, il suffit d'examiner comment les choses se passaient, entre chiens et chasseurs, à l'époque du fusil à percussion, et de comparer avec ce qui se fait aujourd'hui.

Hier, lorsque le chasseur avait tiré, manqué ou tué sa pièce, il était obligé de s'arrêter pour recharger, opération qui demandait pas mal de temps; son chien restait près de lui, sur son derrière ou couché, se reposant, se remettant des émotions qu'il venait d'éprouver.

Avec le fusil se chargeant par la culasse, maître et chien n'ont plus un seul instant de repos; plus de temps d'arrêt, on charge en marchant, la quête du chien est incessante. Impatient d'arriver à la remise, de battre un meilleur canton, le chasseur, toujours prêt, toujours chargé, n'a qu'un désir, celui de tirer souvent pour tuer beaucoup. Le chien, surexcité par ses dispositions nerveuses, s'anime, s'emporte, chasse souvent trop vite et ne fait que des fautes. Mais on comprend l'insuffisance physique du caractère sympathique des braques français, et que, pour résister à un pareil régime, on devait forcément rechercher et préférer des animaux aux jarrets d'acier, infatigables et de grande quête. Ces qualités, on les trouve dans le chien anglais. Le roi chasseur par excellence, Charles X, avait du reste donné l'exemple, exemple qui fut bientôt suivi par de nombreux amateurs atteints de la maladie de l'époque, l'anglomanie.

Les deux chiens braques (pointers) *Miss* et *Stop*, que M. le comte de Girardin, premier veneur, avait achetés en Angleterre pour le roi, étaient à taches jaunes (blanc-orange); de grande taille, levrettés, les oreilles attachées un peu haut, le palais et le nez noirs; le front chez la chienne était d'une finesse extrême; bref, ces deux types avaient une grande élégance de forme et une incontestable distinction. Excellents au bois sur le lapin et le faisan, en plaine, ils étaient médiocres, fort indociles et très peu agréables. J'ai attribué à leur grande finesse de nez leur tendance à s'emporter; par la grande chaleur, Miss, avec laquelle j'ai chassé, était bien supérieure à nos braques et à tous nos chiens de pays.

Après la chute du roi, ses chiens furent donnés à M. le baron de Larminat, inspecteur de la forêt de Compiègne. Stop mourut peu de temps après. Miss fut couverte une première fois par un grand épagneul marron, allemand, je crois, et qui appartenait à M. E. de Larminat, garde général. Les produits de cette alliance regrettable furent distribués aux agents de la forêt. Six mois plus tard, mieux inspiré, M. de Larminat envoya sa chienne à Tracy, chez M. le comte de l'Aigle, qui avait un très beau braque du nom de *Zamor*. Miss fit sept chiens, quatre étaient demi-épagneuls, conséquence indiscutable du premier mariage avec l'épagneul marron. C'est ce que les savants appellent effet de l'*atavisme* et les chasseurs plus simplement *rappel de race*. Dans toutes les portées des descendants de ces chiens répandus dans la forêt, il naissait des sujets au poil long et soyeux. Chose remarquable, le pelage blanc-orange a résisté à tous les croisements, seulement le jaune était plus ou moins pâle ou foncé; le palais et le nez, noirs chez Miss et Stop, étaient plus souvent roses chez leurs enfants.

J'ai eu un chien et une chienne de Miss et de Zamor; à l'âge de sept mois, ils arrêtaient et rapportaient naturellement; l'éducation de ces ravissants animaux ne m'a donné aucune peine.

J'ai omis de dire que Miss et Stop rapportaient très franchement; avaient-ils été mis au rapport en France? Je l'ignore.

Dans le service des forêts de la couronne, les gardes changeaient souvent de résidence; c'est dans ce mouvement de personnel que des préposés de la forêt de Compiègne passèrent dans celle de Saint-Germain; ils y amenèrent leurs chiens, qui plurent aux chasseurs parisiens par leur élégance, leur couleur et leurs qualités. D'autres allèrent à la source en faisant venir leurs chiens directement d'Angleterre.

La mode, l'engouement, ont chez nous une telle puissance, que le bon, l'excellent braque de nos pères devint rococo; on n'estimait plus que le chien blanc-orange, qui pris dès lors le nom, qui lui est resté, de *chien de Saint-Germain*.

Bien que les chiens anglais ne me soient pas échus en partage dans la répartition du travail que M. Bellecroix, le marquis de Cherville et moi, avons entrepris, j'ai pensé que je ne pouvais pas me dispenser de bien faire connaître les deux chiens du roi Charles X, à cause d'abord de la part si grande, si extraordinaire, qu'ils ont prise à la diffusion et aux mélanges de nos races indigènes, et ensuite parce que, en définitive, ils ont fini par constituer en quelque sorte une nouvelle espèce de braques au milieu de nos races qu'ils ont presque totalement remplacées, si ce n'est en province, au moins dans tous les départements du voisinage de Paris.

De 1830 à 1850, les grands chiens de Saint-Germain, puisque Saint-Germain il y a, avaient conquis chez nous leurs droits de cité, — c'est le plus beau chapitre de leur histoire. — Plus tard, ils se firent naturaliser à nos expositions canines. Mais leurs titres de noblesse, importés d'Angleterre, perdirent bien vite toute leur valeur par des mésalliances impardonnables. Ce n'est pas tout, la belle, la noble famille des Saint-Germain de grande taille se divisa en deux branches.

La deuxième se compose, encore aujourd'hui, de jolis petits chiens, de même pelage, à la tête courte, aux yeux ronds, intelligents, à l'oreille mince, au fouet très fin; ils sont coquets, très aimables, au point que, chez les chasseurs qui ont eu la chance de tomber sur une femme sensée, une vraie femme, ces charmants animaux jouissent souvent des honneurs du salon.

A la chasse, la branche cadette fournit plus de bons chiens que la branche aînée, et je la préférerais sans hésiter, si ce n'était le manque de force pour rapporter un lièvre.

Mais, tandis que nous nous éprenions du braque blanc et jaune, aux formes légères, créé par nos voisins, eux — notons le fait — y renonçaient pour revenir à notre ancien braque marron trapu, carré et épais.

Aurons-nous le bon sens des Anglais?

Le chenil de notre Jardin d'acclimatation se peuple de sujets qui semblent permettre d'espérer une réponse affirmative.

Cependant, comme on pourrait me croire atteint de pessimisme à l'endroit de nos races, je prendrai la liberté de convoquer ceux qui doutent de leur état de décadence à l'une de nos gares de Paris, la veille où le jour d'une

LINDOR, BRAQUE DUPUY, à M. le baron de Segonzac.

ouverture ; s'ils n'en reviennent pas convertis à mes idées, c'est que certainement ils seront frappés de cécité. Je suis si convaincu, que je ferais le pari que, sur les vingt premiers que nous verrons arriver, il y en aura dix au moins au pelage blanc-orangé, et que, sur la totalité, il ne s'en trouvera pas deux d'une race pure et bien caractérisée, typique enfin. Quant aux maîtres de tous ces animaux, qui ont bien aussi leur cachet, je n'en parle que pour mémoire.

Pour nous consoler des tristesses que fait naître cette véritable tour de Babel canine et humaine, nous tournerons nos regards vers le Poitou, la patrie des grands chasseurs et des bons chiens ; nous y verrons un homme occupé à se refaire l'ancienne race de braques qu'il avait eue et appréciée autrefois.

Cet homme, cet amateur passionné de la chasse au chien d'arrêt, c'est M. Dupuy, qui a laissé son nom au chien qu'il a enfin reconstitué, son idéal perdu.

Qu'est-ce que le braque Dupuy ?

« Nous ne pouvons pas trouver de beauté aux chiens Dupuy, créés, il y a une soixantaine d'années, par un monsieur qui aimait les longs nez sans doute, nous dit l'auteur d'un ouvrage sur *les chiens de chasse*. Quand on vient nous vanter ces chiens avec leurs formes sveltes et élégantes, meilleures, dit-on, que celles de nos chiens français, je pense tout de suite à choisir le lévrier, dont il dérive évidemment. Celui-ci aura le nez plus long et plus mince, les pattes plus hautes, le râble plus vide que les bâtards auxquels il a donné naissance. Le Dupuy est un chien laid, il n'a pas de nez, ce n'est pas une race, etc., etc.

« Il est vrai, ajoute le même auteur, que, n'ayant pas vu chasser le chien Dupuy, nous ne disons rien de ses qualités. »

En voici un autre qui a donné pour titre à son livre : *Histoire physiologique et anecdotique des chiens de toutes les races*. Nous y lisons :

« De toutes les races de braques, la plus estimée est la race Dupuy, représentée par de grands chiens au pelage blanc et marron, etc. Les oreilles du braque Dupuy sont petites et plantées haut sur la tête, — j'aime sur la tête; — le poitrail est large, les pattes solides, le museau *court et très bien proportionné*, les lèvres pendantes et flasques, l'œil petit, etc., etc. »

Ainsi, voilà deux écrivains cynégétiques qui publient deux gros livres illustrés sur les chiens de chasse; l'un reproche au chien Dupuy son museau de lévrier, l'autre dit qu'il l'a court et très bien proportionné; comment expliquer cette divergence d'opinion? Eh! mon Dieu! rien n'est plus facile : cela vient tout simplement de ce que ces livres sont faits avec des livres, et de ce que le chien Dupuy n'est pas très connu par ces deux auteurs.

Mais soyons sérieux.

On prétend que M. Dupuy a fait son chien en croisant une lice du haut Poitou avec un lévrier. Il est certain que la longueur du museau est caractéristique chez ce braque; est-ce une preuve suffisante pour accepter ce singulier croisement? Je me permets d'en douter pour plusieurs raisons : d'abord, parce que M. Dupuy fils, près de qui j'ai fait prendre des renseignements par un connaisseur de ses amis, n'a pas dit un mot sur le croisement en question; selon lui, le chien qui porte son nom, et qu'on rencontre partout à Châtellerault et à Poitiers, — on n'en voit guère d'autres, — aurait perdu beaucoup et ne serait pas de la race pure créée dans sa famille; ensuite, parce que je crois avoir retrouvé ailleurs l'ancien braque auquel on a donné beaucoup plus tard le nom de celui qui l'avait en quelque sorte ressuscité en Poitou.

Il y a environ vingt-cinq ans, M. le marquis de la Rochelambert, dans la Mayenne, père du marquis actuel, receveur général des finances à Orléans, possédait des chiens blanc marron, assez grands, admirablement établis, à la tête fine, *au museau long*, avec lippes un peu fortes, les oreilles bien placées, mais courtes, le fouet de la queue très fin. Ces chiens provenaient de l'arrière-grand-père de notre contemporain, ce qui établit une généalogie de cent cinquante à deux cents ans peut-être. Quelques sujets étaient grêles, mais gracieux; dressés par instinct, ils chassaient à six mois et rapportaient; on ne connaissait pas de meilleurs chiens, ils étaient souples et dociles.

Cette description s'applique si exactement au chien Dupuy, que nous nous dispenserons d'en faire une nouvelle.

Maintenant, après ce qu'on vient de lire, au lieu d'aller chercher un lévrier, n'est-il pas raisonnable de croire que M. Dupuy, soit par une circonstance fortuite, soit par ses relations, ait retrouvé la race qu'il croyait perdue dans celle des chiens du marquis de la Rochelambert.

Je chasse souvent en Poitou, j'ai vu à l'œuvre bon nombre de chiens Dupuy; on dit bien que ce ne sont plus les vrais chiens du bon temps; mais tous les chasseurs du pays s'accordent sur ce point important, c'est que leurs chiens actuels descendent incontestablement de la race Dupuy, puisque tous se ressemblent, tous sont blanc-marron, tous ont le nez long, sont de forme légère et élégante. Nos chiens, me disait l'un de ces chasseurs, sont presque toujours bons, aimant beaucoup la chasse, arrêtant et rapportant dès l'âge de cinq à six mois; doués d'une grande finesse de nez, ils sont admirables sur la piste d'un faisan et d'un perdreau démonté; malgré leur poil ras, ils chassent très bien dans la brande et l'ajonc.

Tout cela, comme on voit, ressemble peu au chien Dupuy, qui est laid, qui n'a pas de nez, qui n'est pas une race, etc., etc.

Dans la notice si précieuse qui accompagne les catalogues de nos expositions canines, je trouve à côté du braque Dupuy, le *braque picard*, plus communément à robe brune ou lie de vin.

J'ai habité les environs d'Abbeville pendant les neuf années les plus agréables de ma vie de chasseur, chassant presque tous les jours à tir, à courre, au marais, dans les dunes, au bois et en plaine. J'avoue que, après avoir fait appel à tous mes souvenirs, il m'a été impossible de trouver dans tous les chiens que j'ai vus un seul braque justifiant l'existence d'une race spéciale à la Picardie. Mais, comme je pouvais avoir oublié ou mal vu, je me suis adressé au vicomte d'Ap...., un des chasseurs les plus instruits en matière de races canines que je connaisse dans le département de la Somme.

Voici ce qu'il a bien voulu répondre aux questions que je lui ai posées :

« Vous me demandez, Monsieur, si les braques picards forment une race propre à la Picardie?

« Je vous répondrai non, mille fois non; le braque picard n'existe pas, et la Picardie ne possède pas une race qui lui soit propre.

« Depuis que je chasse, j'ai constaté que les chasseurs de ce pays chassaient généralement plutôt comme des braconniers que comme des gentlemen. Eh bien, pour leurs chiens, c'est encore le braconnier qui montre le nez. Ils ont souvent des chiens parfaits, parce qu'ils chassent beaucoup et tuent beaucoup, mais la race de leurs chiens leur est indifférente, j'en ai chaque jour la preuve dans les observations qui me sont faites à tout instant sur mes harriers, que je ne veux pas croiser. Je mets en fait que sur cent chasseurs, quatre-vingt-dix-neuf n'hésiteront pas à croiser un bon chien à poil ras (Dupuy, Saint-Germain, pointer, etc., etc.) avec une bonne chienne à long poil, de n'importe quelle race épagneule ou griffonne. Beaucoup de pointers ont été importés en Picardie par les nombreux Anglais qui habitaient encore Abbeville il y a une trentaine d'années; depuis, plusieurs grands chasseurs, les Morel, les comtes de Valanglart, les d'Applaincourt, et tant d'autres, ont fait venir des chiens d'Angleterre; tous ces chiens ont été la cause de nombreux croisements. Des officiers de la garnison d'Abbeville avaient-ils un joli chien, vite l'attrait de la nouveauté le faisait prendre pour étalon. Il résulte de tout cela qu'il existe en Picardie de très bons chiens, mais croisés avec toutes les races. Je connais ici de très beaux braques, j'ai moi-même un magnifique braque bleu à double nez; je connais des griffons roux, d'autres noirs; mais je suis certain que si on élevait d'un chien et d'une chienne de ces griffons noirs, la portée serait composée, en partie, de chiens à poil ras. — Je connais quelques personnes qui ont des braques à courte queue, cette race est bonne, mais n'est pas spéciale à la Picardie. En un mot, comme tout le monde chasse à tir dans notre pays, et surtout à Abbeville et dans les environs, nous avons de quoi faire une nombreuse et brillante exposition de chiens; mais, à part les races pures des autres pays, on ne trouverait ici que des chiens croisés. J'en connais plusieurs qui ont beaucoup de la race Dupuy, beaucoup de sang de Saint-Germain, mais la plupart ont du sang de pointers. Le comte Léonard de Valanglart, qui a tué depuis le mois de novembre (cette lettre est du 24 décembre 1876) cent bécasses dans la forêt de Crécy, dont dix en un jour dans la partie de la forêt appelée la Buccaille, chasse toujours la bécasse avec quatre chiens; c'est assez vous dire qu'ils sont par-

LE BRAQUE DUPUY.

Blanc marqué de taches marron d'un ton sombre et froid, sans brillant. — Tête fine, longue et sèche. — Nez droit. — Oreille de moyenne longueur
Épaule oblique, bien musclée. — Rein solide, légèrement levretté. — Cuisses musculeuses. — Jarret long. — Pattes sèches et fines. — Er. B.

faits, mais ils n'ont pas de race : les uns sont à longs poils et les autres à poils ras.

« Vous voyez, Monsieur, que la race picarde n'existe réellement pas ; j'ignore quel en est l'inventeur ; dans tous les cas, il ne connaissait certainement pas l'état de la famille si estimable des braques chez nous. »

Le braque d'Anjou occupe, peut-être serait-il plus exact de dire a occupé une très bonne place dans notre riche galerie des chiens d'arrêt. Je ne me souviens pas s'il a été représenté à nos expositions canines. L'an passé, lors d'une excursion que je fis à Saumur et dans les environs, on m'a montré trois braques qui ne se ressemblaient pas du tout, et que pour cette raison j'ai jugés n'être que des bâtards qui ne descendaient assurément pas de la race d'Anjou que Louis XI trouva dans cette province lorsqu'il l'annexa à la France.

Ne pouvant absolument pas me décider à parler d'un chien sans l'avoir vu à la chasse, j'ai pris la résolution d'écrire à plusieurs amateurs sérieux du pays.

Je cède la parole à M. Gustave Leb...., un chasseur érudit comme nous en avons trop peu. Mais auparavant, je prie ceux qui ont bien voulu répondre aux questions que je leur avais posées, de vouloir bien agréer l'expression de ma vive gratitude.

« Le braque indigène d'Anjou n'existe plus aujourd'hui. — J'avais souvent entendu parler dans ma jeunesse de cette vieille race, qu'on désignait sous le nom de *chien français*, et dont le type doit vous représenter un chien peu élevé, assez bien pris, mais lourd dans son ensemble. La couleur était blanc et marron, la tête assez volumineuse, les oreilles courtes et attachées haut. Ce chien chassait sous le fusil, et sa docilité passait pour plus grande que celle des races d'aujourd'hui. Le gibier diminuant, on jugea bon de créer des chiens plus légers et plus grands, susceptibles d'une meilleure quête, et pour cela on croisa d'anglais les races du pays.

« Dans le Saumurois, que je connais plus particulièrement, nous avons eu pendant longtemps une race excellente. Un monsieur Flandrin, écuyer à l'école de cavalerie, s'était procuré vers 1835, en Angleterre, un magnifique braque noir, et d'un croisement de ce chien avec une très jolie chienne blanc et orange, un peu épagneule, qui provenait de la vénerie de

Charles X, on avait eu une portée de dix ou onze individus, merveilleusement beaux et bons. Les uns étaient blanc et noir, les autres blanc et orange. Les vieux chasseurs se plaisent encore à citer les exploits des différents membres de cette vaillante famille. Naturellement cette race eut la vogue, et, pendant vingt-cinq ans, c'était à qui en obtiendrait. Les chiens blanc et noir étaient généralement plus souples que les blanc et orange, mais tous avaient une sûreté de nez et d'arrêt incomparable.

« Je ne sais à quelle cause on doit attribuer la dégénérescence de notre race, probablement à des croisements trop en dedans ou à l'introduction d'un sang qui ne convenait pas; ce qu'il y a de sûr, c'est qu'aujourd'hui je ne connais plus en Saumurois de chiens qui soient restés purs et dont la qualité soit complète. Les uns ont du nez, d'autres de la quête, mais aucun ne me rappelle la famille originelle dont je vous parle. Le chien Dupuy (de Poitiers) a été croisé avec le nôtre, et je crains que cette race, introduite chez nous au moment où elle était déjà usée, n'ait précipité notre décadence.

« Il y a en Anjou, aujourd'hui, des chiens de toutes les races, des *cosmopolites* en quelque sorte; j'en connais de tous les genres, de toutes les couleurs, même des chiens *café au lait*, dans les environs de Baugé, qui ont eu à un moment une grande réputation de qualité.

« Je voudrais, pour mon compte, essayer de rentrer dans notre bonne espèce d'autrefois.

« C'est à l'initiative de mon père qu'elle avait été créée, et j'en avais conservé jusque dans ces derniers temps; malheureusement deux générations de mes lices ont été atteintes du ténia, ce qui a nui beaucoup à mes élevages. J'ai dû chercher en dehors, mais jusqu'aujourd'hui sans succès. Je n'en désespère pas toutefois, et, si je réussis, je serai toujours heureux de vous fournir ou renseignements ou étalons à votre choix. »

Ainsi voilà encore une race perdue que nos pères nous avaient léguée! Faut-il nous consoler avec l'espoir que les amateurs de la chasse au chien d'arrêt auront le courage d'avoir recours au dépôt des beaux animaux reproducteurs réunis pour eux au chenil du Jardin d'acclimatation? Là cependant est la planche de salut pour refaire nos races et réparer nos pertes.

En suivant la galerie de nos races canines, et en pénétrant dans la salle réservée aux chiens d'arrêt, le catalogue en main, je m'arrête devant deux braques de la Navarre. Aux taches lie de vin mêlées de gris sur un fond bleu, il n'y a pas à douter de leur origine; leurs yeux porcelaine, vitreux, sont d'ailleurs caractéristiques.

J'ai retrouvé en Espagne des chiens qui rappellent parfaitement la race navarine, seulement ils étaient à double nez.

Je suis dans l'ignorance la plus complète sur la manière de faire de ces chiens à la chasse.

A côté, et comme ornement de la collection, je vois un grand chien bleu, un étranger venu d'Italie, sans doute, pour visiter ses grands parents, nos beaux chiens de Gascogne, auxquels il ressemble par son pelage bleu et blanc, ses taches noires, lie de vin, et le feu qu'il a sur les yeux, aux pattes et sur le bord des cuisses.

Que ce bel étranger soit le bienvenu chez nous, qu'il y reste même, alors nous pourrons parler de ses talents. On le dit très bon dans son pays; je n'ai pas le loisir d'y aller voir.

Maintenant, recueillons-nous : nous sommes en présence de trois braques tricolores qui sont, dit-on, de l'ancienne race royale, par conséquent des descendants, peut-être, de *Bonne*, de *Folle*, de *Tan* et de *Zell*, dont les portraits décoraient les appartements de leur royal maître, Louis XIV, qui les avait dressés lui-même. J'affirme que je n'ai pas vu les parchemins de ces trois prétendants. Mais il serait bien intéressant de reprendre, en remontant, leur généalogie, pour savoir par quel miracle cette race s'est conservée jusqu'à nous.

J'aime ces chiens zains, unicolores, noirs, jaunes, marrons. Comme ces deux pointers noirs sont beaux! et quelle ressemblance avec la paire qui est dans ce moment au Jardin d'acclimatation ! Ce sont des braques anglais; c'est à la plume et au crayon de M. Bellecroix que le droit revient de vous en parler. C'est différent pour cette belle lice jaune; elle est née en France de mère française et de père anglais; ses tettes pendent encore, leur aspect inquiète le regard et nuit à l'élégance de ses formes; ça n'est pas moins une jolie chienne. Sur le même banc, ces deux braques marrons, l'un grand et l'autre de petite taille, sont également des bâtards anglo-français.

Tous ces chiens zains sont, en général, ardents à la chasse, d'une grande quête et de haut nez. Avec eux on voit, on remue beaucoup de gibier, ce qui ne veut pas dire qu'on tire et qu'on tue plus qu'avec nos bons braques de l'ancien régime.

Je reproche à ces braques leur couleur, qui les expose, au bois, à recevoir du plomb des jeunes adeptes au doigt chaud, auxquels il arrive de prendre pour un lièvre les guêtres neuves de leurs amis.

Autrefois, sur le bulletin de tir des chasses officielles, sur lequel on pointait les pièces tuées, il y avait une colonne en haut de laquelle était écrit le mot *divers;* on y inscrivait tout ce qui n'était pas considéré comme gibier, tels que les pies, les corbeaux, les buses, etc. Je vois sur mon livret quelque chose de semblable pour certains braques, dits *braques divers,* braques étrangers, de tous les pays. A regarder ces chiens grands, petits, sveltes ou trapus, à voir leur robe bigarrée, multicolore, on se croirait, en vérité à un bal de carnaval aux *Variétés.* Ah! si le d'Hozier des races canines avait le courage d'établir l'arbre généalogique de tous ces chiens, je vous réponds qu'il y perdrait tout son latin. Du reste, ce tableau est le même que celui que nous avons vu à l'une de nos gares, un jour d'ouverture, à peu de chose près.

Mais ce n'est pas une raison, cependant, pour s'imaginer que parmi ces chiens divers, généralement provinciaux, il n'y en ait pas de très bons. J'ai connu très particulièrement un caniche, dont un vieux soldat de l'empire avait fait un excellent chien d'arrêt. Il est donc vrai que bon chien ne chasse pas toujours de race.

A propos! je ne vois pas ici un gros braque blanc moucheté de jaune pâle, très connu dans les environs de Toulouse. Si ce n'étaient ses éminentes qualités à la chasse, je lui manquerais de respect en disant qu'il tient du veau par sa grosse tête, son gros corps, ses grosses pattes et sa grosse queue. Il y a une douzaine d'années, le préfet de Melun en avait d'excellents; ces braques chassaient avec beaucoup de sagesse, avaient énormément de nez et rapportaient bien. Je les trouvais remarquables au bois surtout. Cette variété de braques a été conservée et propagée par M. B..., alors procureur impérial à Provins. Ce magistrat, qui est connaisseur et passionné chasseur, a essayé de croiser le braque toulousain avec le chien de Saint-Germain pour obtenir plus de légèreté et plus de quête; les produits ont été très satisfaisants; M. B..... n'en avait pas assez pour ses amis. Ces chiens tendent à prendre racine dans Seine-et-Marne.

Je termine cette revue des braques français par le braque du Bengale. Qu'est-ce qui connaît le braque du Bengale? Il est cité dans nos catalogues des races canines, mais je le cherche en vain, je ne le vois pas. Je me suis adressé au comte Le C..., le fort des forts en matière de chiens; il m'a fait cette laconique réponse : « Le braque du Bengale? connais pas.... » Le baron de Noirmont paraît en avoir entendu parler ; voici ce qu'il en dit :

« Aldrovande, naturaliste italien, dans un ouvrage publié au commencement du siècle suivant (dix-septième siècle), décrit les braques de son pays comme semblables à un lynx moucheté. « Cependant, ajoute-t-il, les « noirs, les blancs et les fauves ne sont pas à mépriser. » Vita Bonfadini mentionne aussi ces braques mouchetés dans son traité sur la chasse à l'arquebuse et enseigne la manière de les dresser. En France, on leur donnait, je ne sais pourquoi, le nom de *braques du Bengale.* »

L'ÉPAGNEUL FRANÇAIS

La famille des épagneuls se divise en branches très nombreuses ; c'est surtout en Angleterre que cette race a été étudiée et cultivée avec le plus de soin, et qu'on a obtenu les variétés les plus belles et les plus utiles à la chasse.

En France, bien que l'épagneul ait été le premier chien dont on se soit servi avec les oiseaux de vol, et plus tard, à la chasse avec les armes à feu, nous n'avons rien fait de bon avec cet excellent animal ; nous l'avons croisé avec des braques ; il en résultait parfois des chiens d'arrêt dont on pouvait avoir à se louer, je le reconnais, mais ce mélange gâtait la race typique, sans nous enrichir d'une variété nouvelle.

Les Anglais, au contraire, plus soucieux de la race primitive, ont su la modeler en obtenant des sujets bien appropriés à l'emploi et au genre de chasse auquel ils les destinaient, sans cesser, pour cela, de conserver le caractère épagneul. Leurs setters d'Écosse, d'Irlande, leurs épagneuls d'eau (waterspaniels), les springers, les cockers de Sussex, du Norfolk, les clumbers, les blenheims, les king-charles, les retrievers même, tous de tailles différentes, sont néanmoins des épagneuls ne se distinguant que par la forme du corps et les aptitudes. Rien de plus joli, de plus coquet, de plus gracieux que ces charmants animaux, petits et grands. Les Anglais, par la distinction de leurs races canines, ont su rendre le monde entier leur tributaire ; c'est là un mérite qu'aucune nation ne saurait leur contester, si ce n'est la France par la richesse et la variété de ses races, qui se perdent malheureusement tous les jours. Toutefois, il est un fait que je suis heureux de signaler ici, et dont nous avons le droit d'être orgueilleux : c'est que les Anglais ont amélioré presque tous leurs chiens avec ceux qu'ils ont trouvés chez nous. Dans ce moment même, nous pourrions les surprendre renonçant au pointer léger, ardent, trop vif, occupés à se refaire un autre chien plus calme, avec nos gros braques, qu'ils recherchent et achètent chez nous à n'importe quel prix. Je ne serais nullement étonné de les voir nous vendre bientôt le braque français perfectionné, comme je les ai vus nous faire payer au poids de l'or le chien de Saint-Hubert déguisé sous le nom étrange de *bloodhound*.

De tous les chiens qu'on a dressés pour l'arrêt, je crois que le premier peut-être, un des plus anciens dans tous les cas, est l'épagneul. Il n'y a pas de chiens dont la véritable origine soit moins connue.

Au seizième siècle, il y avait des épagneuls dans tous les équipages de fauconnerie; c'était le chien d'oysel par excellence (*canis aviarius*). Darcussia le préfère au braque qui est plus hardi, mange les perdrix et détrousse l'oyseau, défaut capital que n'a pas l'*épaigneux*. Gaston Phœbus nous en fait le portrait : « L'espainholz, parce qu'il vient d'Espainhe, a grosse tête et grand corps et bel, de poil blanc ou tavelé (moucheté); il est très riotteux (querelleur). »

Nous croyons que le lecteur ne lira pas sans intérêt les faits si extraordinaires que Darcussia raconte sur ses épaigneux : « Un jour, mon chien ayant pris un lièvre hors de notre vue, il s'en revint à nous; à sa mine, nous jugeâmes qu'on le lui avoit pris. Nous allons de ce côté-là, et, passant près de certains paysans qui plantoient une vigne, ce chien se jette sur l'un d'eux. Ce qui nous fit croire que c'étoit celui qui lui avoit ôté le lièvre. Nous lui persuadâmes donc de nous le rendre. Mais la crainte l'en retint. Alors le chien se mit à gratter en terre, faisant signe qu'il l'avoit mis là. Et enfin gratta tant qu'il le tira et déterra, dont le paysan, se voyant convaincu, confessa la vérité, et ce chien continuoit encore à se vouloir jeter sur lui.

« Il y a des chiens auxquels il ne manque que la parole, et qui ont de la raison, quoi que disent les philosophes. (Ici philosophes est synonyme de prétendus chasseurs qui écrivent sur les chiens et les animaux sans les connaître.)

« Tout ce que ces gens-là, continue Darcussia, ont dit et écrit, ne sont pas paroles d'Évangile; ils nous en ont donné de belles, et sont cause que plusieurs d'aujourd'hui les allèguent bien souvent en la chaire de vérité, débitant telle monnoie comme bonne, bien qu'elle soit fausse. Naturalistes, rougissez d'avoir écrit que les cormorans, si agréables à la pêche, ne sont que des mangeurs de poules, de grands destructeurs de basses-cours, que les braques du Poitou ne sont pas une race, qu'on empoisonne les furons des braconniers avec des jattes de lait qu'on place dans les terriers des connins; rougissez d'avoir fait imprimer tout cela et tant d'autres curiosités encore!

« O vous, qui savez tant de choses et écrivez sur tout, qui médisez des chiens et des oiseaux, oyez encore cette histoire, prenez votre gourde, mettez vos chausses, et allez aux champs et dans les bois pour apprendre.

« Ces années passées, Ferrand, mon fauconnier, estant allé à la chasse et y ayant porté mon alfanet, il arriva que cet oyseau ayant lié une perdrix grise en l'air, il la charria avec l'aide du vent et la porta fort loin. Je n'estois pas à la chasse ce jour-là. Il s'en revint donc sans l'oyseau, ce qui me tint en peine toute la nuict. De grand matin nous montons à cheval, quatre que nous estions, et nous mismes en quête. A un quart de lieuë du lieu où l'oyseau avoit pris la perdrix, je voy de loin un chien noir couché au pied d'un arbre et un oyseau au dessus. Je reconnus aussi tost le chien estre des miens, parce que c'estoit un épaigneux noir. Je m'approche et je trouve que c'étoit mon oyseau. Lors je donne un cry de huchet : nos gens viennent, et nous le reprenons avec empressement. Or, cette chienne l'avoit toujours suivy et gardé, bien que cette nuict-là fust fort froide. Cela sont tous exemples de notre expérience, et non pas les fables de nos naturalistes. Concluons donc icy, que les chiens sont inséparables des oiseaux, et les plus grands amis que l'homme aye. »

Quel parti les anciens savaient tirer de leurs épagneuls, quel dressage et quelle éducation! Et comme les traits aiguisés, il y a trois siècles, par le célèbre fauconnier, traits qu'il lançait contre les ignorants de son temps, frapperaient juste encore ceux de nos écrivains qui parlent chasse sans avoir chassé, décrivent des animaux qu'ils n'ont pas vus! De bons employés dans un ministère, d'habiles photographes, calligraphes, orphéonistes, ou d'heureux

ÉPAGNEUL FRANÇAIS.

Taille moyenne. — Souvent un peu bas sur pattes. — Robe blanc et marron. — Poils *ondulés* et non frisés. — Oreille longue, attachée bas. — P
droit. — Cuisse plate. — Les jambes de force moyenne. — Le pied rond, les ongles gros. — En. B.

marchands de bonnets de coton que vous étiez, pourquoi vous êtes-vous faits compilateurs fastidieux et plagiaires sans utilité?

Ceci est dit sans fiel ni aigreur, mais parce qu'il est triste de voir les plus hardis prendre la place des écrivains sérieux, qui font tous leurs efforts pour enrichir notre art de leurs observations et de leur expérience, dues à leur amour du métier et acquises par de longues années de persévérante pratique.

Il ne faut pas adopter sans contrôle, je crois, l'origine de l'épagneul, parce que nous l'avons pris aux Espagnols. De fortes présomptions autorisent à douter au moins que ce chien soit une race péninsulaire comme le braque à deux nez, à taches lie de vin, par exemple. Avec sa belle fourrure soyeuse, capitonnée, l'épagneul vient-il du Sud, ou vient-il du Nord? Je sais que des animaux chaudement vêtus peuvent parfaitement appartenir aux régions méridionales, et c'est sur d'autres raisons que je le crois originaire du Nord.

J'ai habité quatre ans l'Espagne; je m'étais fixé dans la province de Cuença, la plus sauvage, la plus stationnaire de ce pays. Je chassais beaucoup avec des amateurs, qui tous avaient des braques à double nez, souvent assez mal dressés, du reste, et cela sans voir un seul épagneul. Ces chasseurs ne connaissaient cette race que de nom. Je demeurais à Madrid sur la *plazuela del Angel;* j'avais sous mes fenêtres, deux fois par semaine, des marchands de chiens; je leur ai demandé vingt fois de me procurer un épagneul, ils m'ont constamment répondu : « *perro inglese* » (chien anglais). Enfin, je me suis informé auprès de plusieurs amateurs relativement instruits; ce que j'ai pu savoir d'eux, c'est que l'épagneul est devenu fort rare, et que ceux qu'on rencontre viennent d'Angleterre. Voilà donc une race disparue ou à peu près. Or, n'est-on pas en droit de conclure de là que, si l'épagneul avait été importé de Barbarie en Espagne, comme on l'a tant dit d'après M. de Buffon, cette espèce, dans un climat semblable à celui du pays d'où elle sortait, n'aurait pas mieux résisté que le braque lie de vin, à l'œil vairon, qui est resté, lui, maître du terrain?

Dans le nord de l'Allemagne, c'est le contraire qui s'est produit; l'épagneul y est très répandu. Il est à remarquer que les Allemands, qui ont conservé les mots français, *apporte, tout beau,* etc., de notre école de dressage du chien d'arrêt qu'ils nous doivent, ne disent pas un chien épagneul, mais *Langhaarigehund* (chien à long poil), *Wachtelhund* (chien pour la caille). Il n'est pas douteux, pour moi, que, si leur chien à long poil venait d'Espagne, ils l'appelleraient, comme nous, épagneul. J'ai vécu et chassé bien des années avec des Saxons érudits, je leur ai toujours entendu dire que la race à longue soie était originaire de Pologne et de Russie.

En 1478, Christiern Ier de Danemark institua l'ordre de l'Éléphant, en mémoire d'un épagneul nommé *Vidlbrat*, célèbre par sa fidélité. Catherine II de Russie composa une épitaphe en français à son épagneul adoré. Je pourrais citer encore beaucoup d'épagneuls historiques qui ont appartenu à des personnages illustres de Suède, de Norwège, de Danemark, de Russie et de Pologne. Est-il vraisemblable que ces chiens aient été tirés de l'Espagne?

Je crois donc plus logique d'admettre que le chien de berger russe à poil blanc et long, d'où est sorti le chien de Brie, modifié par le climat, est le père, la souche de l'épagneul, qui a été transporté plus tard en Espagne par les Saxons, en passant peut-être par l'Angleterre.

Je ne m'arrêterai pas plus longtemps sur l'origine de l'épagneul; je laisse aux écrivains théreutiques, plus savants que moi, la tâche difficile de soulever le voile épais qui recouvre une race moins connue qu'on ne le pensait. Ce qui précède démontrera, j'espère, que je ne recule devant aucune recherche pour bien connaître les chiens dont je parle.

L'épagneul, comme chien d'arrêt, ne jouit pas d'une réputation aussi solidement établie que celle du braque français; on lui reproche, bien injustement, je trouve, des défauts, qu'il rachète par des avantages que n'ont certainement pas ses rivaux.

Voyons-le au physique d'abord.

L'épagneul a souvent moins de taille que le grand braque; sa charpente osseuse est aussi moins forte; les muscles ne sont pas très saillants; la cuisse est plate; la tête est grosse; les yeux sont petits et expriment une extrême douceur. Chez ce chien, le dos et les reins présentent une certaine concavité qui indique la faiblesse, et moins de vigueur et de force que chez le pointer et le braque français, par exemple. Les oreilles sont tombantes, assez longues et terminées par des poils ondoyants; elles coiffent très gracieusement la tête. La queue de l'épagneul pur est droite et garnie de longues soies qui vont en diminuant vers l'extrémité. Les jambes sont également ornementées de longs poils frisés ou plutôt bouclés au bout. Le pied est large, les ongles souvent très forts.

Le pelage est ordinairement blanc-marron, moucheté. Il y a des épagneuls blanc-orange, noir et blanc moucheté, entièrement marron, roux et noir. On rencontre des épagneuls noir-blanc, moucheté avec un peu de feu.

On a prétendu pouvoir juger nos races de chiens d'arrêt sur la couleur de leur pelage; d'après ce système, les chiens noirs et marrons seraient plus vigoureux, jouiraient de plus de vivacité que ceux de couleur blanche ou pâle, qui manqueraient d'énergie et de force; mais les premiers se dresseraient moins facilement que les seconds, qui seraient plus souples et plus doux de caractère. Cela n'est qu'une théorie qui ne repose sur rien de sérieux et que les faits les plus contradictoires viennent chaque jour renverser de fond en comble.

Mais ce qui n'est pas douteux, c'est que les sujets de robe unicolore, zain, présentent plus de garantie de pureté de race que leurs congénères qui sont de plusieurs couleurs, issus de père blanc, de mère noire ou marron, enfin de ces croisements malheureux qui ont fait tant de mal à nos races indigènes.

Je ne prétends pas dire qu'il faille ériger en principe immuable cette théorie; cependant le véritable amateur du pur sang qui fait des élèves obtiendra de meilleurs résultats, éprouvera plus de satisfaction en procédant avec de beaux animaux reproducteurs unicolores, qu'en tirant race de sujets à la robe de plusieurs couleurs mal confirmées, et pouvant être la conséquence de mélanges antérieurs, de rappels de race et même d'albinisme.

Envisagé au moral, l'épagneul n'est pas moins intéressant, et cependant il a des détracteurs; la vaccine a eu les siens. On veut qu'il manque d'odorat par la chaleur, et on le fait venir d'Espagne!... On dit qu'il chasse le nez à terre; ceux qui écrivent de pareilles calomnies n'ont de leur vie possédé un épagneul. Si l'épagneul ne supporte pas la fatigue aussi bien que les chiens à poil ras, cela tient uniquement à sa conformation, qui est plus délicate; mais il a sur eux l'immense avantage d'être excellent au marais et au bois, dé ne pas hésiter à se mettre à l'eau l'hiver pour aller vous chercher un canard que le braque de votre ami regarde descendre la rivière au fil de l'eau sans oser se mouiller un poil.

L'épagneul est doué de l'instinct social plus que pas un de nos autres chiens d'arrêt; sa fidélité est proverbiale, aussi passe-t-il très difficilement d'un maître à un autre; c'est l'ami dévoué de la maison, des enfants qu'il aime, qu'il suit partout, qu'il défendrait dans le danger. D'un caractère timide et doux, il demande à être traité avec intelligence; ceux qui disent que l'épagneul est insoumis, enclin à la désobéissance, ne le comprennent pas; ici, très fréquemment, le plus bête, du professeur ou de l'élève, ce n'est pas toujours le chien.

Je vous assure que je puis voir avec la plus parfaite indifférence nos femmes traînant dans la poussière et les bouts de cigares leurs plus belles robes, qui coûtent souvent plus qu'un bon cheval anglais; ça m'est parfaitement égal; mais j'éprouve un réel chagrin et je souffre beaucoup du peu de soin que bien des chasseurs donnent à la toilette de leurs épagneuls. Je serais partial si je ne faisais pas ressortir les inconvénients qui résultent de la beauté même du pelage de l'épagneul, de la finesse et de la longueur de ses poils soyeux. Au retour de la chasse, en hiver ou par le mauvais temps, les chiens à poil ras se sèchent et se nettoient vite, leur toilette est bientôt faite; il n'en est pas de même de l'épagneul, il faut lui venir en aide en le débarrassant avec la brosse et l'éponge, de la boue, de la vase, de tout ce qui s'attache à sa belle fourrure. Après, c'est le cas de le mettre au coin du feu et de veiller à ce qu'une affreuse cuisinière ne l'en chasse pas à coups de pincettes.

Du reste, ce chien exige toute l'année des soins particuliers si on veut le tenir en état de santé et le préserver des maladies de la peau en même temps que l'empêcher de sentir mauvais. Pour obvier à cela, des bains à l'eau de son et parfois sulfureux sont indispensables. Au moyen de ces procédés hygiéniques, vous aurez un charmant animal, coquet, élégant, qui fera vos délices à la chasse et vous tiendra compagnie au salon. Comment lui refuser une place sur le tapis du foyer, sur le canapé, sur les fauteuils, partout enfin où il se trouvera bien? Oh! me crie-t-on, c'est là, par exemple, de l'amour de chien poussé un peu trop loin. — Et pourquoi? Occupez-vous donc un rang si élevé dans l'échelle sociale, ou n'auriez-vous pas plutôt épousé, par malheur, une de ces femmes à nerfs qui ont horreur des chiens? Dans ce cas, je vous plaindrais de tout mon cœur. En attendant que votre chère moitié revienne à des sentiments plus raisonnables, pour la préparer, dites-lui que Henri IV, entouré des plus jolies femmes de sa cour, avait toujours sur ses pieds son épagneul Citron, que Louis XIII recevait ses chiens dans sa couche royale, enfin, que le vainqueur de Villaviciosa, le duc de Vendôme, permettait à ses chiennes de faire leurs petits dans son lit; vous pourrez même ajouter que la femme d'un de nos ambassadeurs, la comtesse de B..., que j'ai beaucoup connue, couchait habituellement avec deux ravissants épagneuls dont la chaleur avait la vertu de calmer les douleurs rhumatismales.

Que saint Hubert soit loué! De tels exemples d'affection pour les chiens ne sont pas si rares qu'on le croit, et, je suis heureux d'avoir eu à le constater, c'est encore chez le beau sexe qu'on les rencontre le plus communément. Cela console des actes de barbarie, de ces mauvais traitements dont nous ne sommes que trop souvent témoins.

Pour mettre en garde contre les erreurs et prévenir les jeunes adeptes désireux d'acquérir un chien et qui voudraient de préférence un épagneul, il est bon qu'ils sachent que l'épagneul français de race pure est aujourd'hui fort rare. Mais il existe un assez grand nombre de bâtards. On les reconnaît aisément à la petitesse de la tête et de l'œil, à leur museau pointu, à leurs grosses pattes et à leur rein étroit avec le poil ras sur le dos, enfin à la longueur de leur queue recourbée, garnie de longues soies, comme le panache d'un tambour-major de la garde nationale de 1830.

Il n'y a pas à s'y tromper.

A. DE LA RUE.

L'ÉPAGNEUL DE PONT-AUDEMER

Bien que les chiens anglais seuls me fussent échus en partage dans cet important travail, mes collaborateurs, MM. de Cherville et de la Rue, m'ont demandé de présenter à nos lecteurs l'épagneul de Pont-Audemer, que j'ai beaucoup pratiqué.

Je suis obligé de convenir, pour débuter, que je ne sais absolument rien de l'origine de cette *race*, ni de l'époque où elle a été définitivement fixée ; en même temps je suis forcé d'avouer que je ne puis davantage indiquer à nos lecteurs d'où vient au chien qui nous occupe aujourd'hui ce nom d'épagneul de *Pont-Audemer*.

Ce n'est pas, à coup sûr, parce qu'il est plus nombreux qu'ailleurs aux environs du chef-lieu de ce canton du département de l'Eure. L'épagneul de Pont-Audemer est assez répandu (pas assez peut-être) dans la région qu'on est convenu d'appeler la basse Normandie. On en trouve également d'honorables échantillons chez quelques amateurs sérieux de Picardie ; j'en ai vu de remarquables dans le Maine, dans le Perche et même en Bretagne. Dans quelques-uns de nos départements du Nord, l'épagneul de Pont-Audemer a été également l'objet d'une faveur que justifient ses qualités d'excellent chien de bois et de marais. Quand j'aurai ajouté, qu'il est de taille à tenir un rang honorable en plaine à côté de nos chiens français, on conviendra que nous sommes en présence d'un gaillard auquel il convient d'accorder une attention particulière.

Constatons tout d'abord que ce qui manquait le plus aux prétendus chiens de Pont-Audemer qu'il nous est souvent arrivé de voir à l'œuvre, c'est ce caractère typique, cet aspect tout *personnel* qui caractérise à un si haut degré les épagneuls de cette race. Il faut nécessairement tirer de là deux conclusions : — la première, que la plupart des épagneuls présentés par leurs maîtres comme épagneuls de Pont-Audemer ne possèdent pas tous cette inappréciable pureté de sang auquel doit s'attacher tout véritable amateur; — la seconde, que l'épagneul de Pont-Audemer est une race si bien fixée, qu'il faut toute l'ignorance, pour ne pas dire toute l'ineptie du chasseur français, pour en arriver à détruire l'influence extérieure du sang de Pont-Audemer dans les produits souvent étonnants à la formation desquels a participé un chien de cette race précieuse.

Malheureusement, il n'en est pas toujours de même des aptitudes, et le chien de race pure croisé avec une bête sans race ne transmettra pas toujours ses facultés à sa progéniture. Dans ces croisements-là, tout est livré au hasard, les produits tiennent plus du père ou plus de la mère; c'est à « *l'uer* » que peuvent se juger les élèves, et c'est là que doit intervenir la sélection ; en donnant successivement du sang pur on arrive, au bout d'un nombre de générations qui varie, à éliminer les défauts et à reconstituer peu à peu l'ensemble des qualités de la race pure.

Mais ici, et tellement est tenace, puissant le sang du pont-audemer, disons qu'il reste encore, grâce à Dieu, malgré les plus absurdes promiscuités, assez de représentants de cette race, trop peu répandue, pour qu'il soit permis d'espérer qu'elle ne se perdra pas si quelques efforts éclairés sont faits pour la maintenir.

Que le lecteur veuille bien rapprocher la description du chien de Pont-Audemer de pure race du dessin que nous lui présentons comme type, et il comprendra mieux ce qui nous reste à dire des produits obtenus par le croisement de ce chien avec des bêtes souvent fort éloignées de lui par leurs qualités physiques et morales.

L'épagneul de Pont-Audemer est de moyenne taille, et plutôt petit que grand ; bien doublé, avec un bon rein, soutenu par des membres solides sans être lourds ni communs comme ceux de l'ancien braque français.

Sa tête mérite à elle seule une description..... Dans l'animal de race pure, elle est toujours petite, pointue, à poil ras et largement couronnée de ces longues boucles, à la fois frisées et bourrues, qui lui couvrent le corps et rappellent vaguement l'abrupte toison du griffon. L'œil est petit, en même temps doux et malin. L'oreille plantée bas, est longue, large, très touffue. Les lèvres et le palais sont roses chez tous les individus qui ne sont pas mêlés de sang anglais.

Les cuisses sont fortes, bien jambonnées.

Les pattes sont quelquefois un peu courtes, mais les beaux échantillons ont les proportions harmonieuses, communes à tous les beaux chiens. A ce sujet, nous pouvons promettre à nos lecteurs, à l'occasion de l'étude des chiens de race anglaise, quelques notes sur *l'extérieur du chien*, dans lesquelles seront exposées certaines considérations appelées à combattre des théories qui ont fait école et qui ont contribué pour leur part à la décadence de nos races indigènes.

La poitrine est plus large que profonde, mais là encore je fais une réserve expresse, et je renvoie le lecteur à l'observation qui précède.

Le pied de l'épagneul de Pont-Audemer est rond, les doigts forts; les ongles sont noirs ou d'un brun foncé, très près du noir.

Le fouet, très garni comme l'oreille, mais d'une toison plus longue, se relève légèrement en panache. C'est à dessein que j'écris *légèrement*, et à cet égard on peut dire qu'il en est de l'épagneul de Pont-Audemer comme de l'épagneul français : un fouet qui fait trop le cercle ou qui se relève en courbe, *dès sa naissance*, est un signe infaillible de bâtardise, j'entends de la plus mauvaise, de la plus indigne bâtardise, de cette bâtardise de ruisseau dont il faut le plus souvent accuser la déplorable négligence des propriétaires de bêtes de grande race.

Voici donc l'extérieur du chien de Pont-Audemer bien établi, et, pour l'amateur qui veut se procurer une bête de cette race, c'est là un point essentiel.

Malheureusement, il est rare de trouver un animal reproduisant toutes les les qualités extérieures que nous venons de décrire. Quant aux qualités morales, l'épagneul de Pont-Audemer en possède de véritablement précieuses, et c'est précisément de là que vient la fréquence de ces croisements dont

ÉPAGNEUL DE PONT-AUDEMER.

Taille moyenne. — Robe blanc et marron ou entièrement marron. — Tête fine et pointue, à poil ras, couronnée d'un bonnet de boucles longues. — Poil et légèrement bourru. — Oreille longue plantée bas. — Rein solide. — Cuisses bien jambonnées. — Pattes fortes, pied rond. — Ongles gros, noirs ou très foncé. — ER. B.

nous parlions tout à l'heure, qui ont altéré le type primitif auquel il faut s'attacher, sous peine de voir cette race de bons chiens péricliter comme les autres.

Parce que le pont-audemer est un bon chien, on a croisé le pont-audemer, non seulement avec des épagneuls français ou bâtards, mais avec des braques. J'ai connu une chienne de Saint-Germain, un peu douillette, que son maître avait mariée à un pont-audemer pour donner aux produits l'amour du barbottage. De là les productions si bizarres, si diverses, qui se sont produites, de là l'hésitation et souvent l'embarras où se trouvent aujourd'hui les connaisseurs les plus savants, quand ils sont en face d'un animal rappelant plus ou moins le pont-audemer. On m'a souvent reproché d'être sévère, d'être trop exigeant en matière de pureté de race ; je persiste à penser qu'on ne saurait l'être trop.

Il n'en faut pas moins constater l'influence du sang du pont-audemer dans tous ces croisements. Cette influence est indéniable, et se manifeste toujours par des caractères rappelant le type original. Au nombre de ces caractères, et en première ligne, il faut citer cette tête nue et cette couronne, ce bonnet à poils frisés qui l'encadrent comme celle du mouton. Et non seulement ces caractères particuliers se montrent dans la première génération, mais ils se continuent longtemps dans les produits des générations suivantes.

Il faut voir là une nouvelle preuve de l'influence du sang pur dans les croisements. Croisez un chien de pur sang avec une bête de race indécise, abâtardie ou dégénérée, et celui des deux dont l'influence dans les produits se fera le plus sentir sera certainement le premier ; il convient d'ajouter que non seulement les produits de ce premier croisement se rapprocheront de l'animal de pure race, mais les générations successives en conserveront plus longtemps l'influence. De sorte qu'avec une série de sélections, le sang moins noble finit peu à peu par disparaître. Enfin, comme on dit vulgairement, le sang pur *tient* davantage.

— Dieu merci !

Dans les croisements obtenus avec le pont-audemer on trouve aujourd'hui bon nombre de chiens ayant conservé la couronne, le *bonnet* de la race primitive, sans avoir gardé les autres caractères particuliers à la race pure. J'ai vu des épagneuls dits de Pont-Audemer avec des têtes carrées, un poil ondulé, tandis que le vrai pont-audemer a la tête fine et pointue, le poil rude et frisé. J'ai vu des pont-audemer avec le nez et les lèvres noirs, tandis que le vrai pont-audemer a le nez brun et les lèvres et le palais roses. Dans ces pont-audemer à nez noir il y avait sûrement un mélange de sang anglais.

Quant aux qualités de chasse du pont-audemer, elles sont vraiment précieuses, et, pour ma part, je n'hésite pas à lui donner la préférence sur l'épagneul français.

Plus rustique, plus vigoureux, plus ardent que l'épagneul, le pont-audemer possède les mêmes qualités : l'intelligence, la souplesse, la douceur. Les deux sont également de bons enfants, très faciles à manier.

La quête du pont-audemer est plus vive, plus soutenue que celle de l'épagneul français, il arrête également bien ; pour la chasse à l'eau, je le préfère de beaucoup à son rival ; dans les marais herbeux, où il faut qu'un chien déploie beaucoup de force et de fonds, j'ai vu souvent le second faiblir, le pont-audemer jamais. C'est aussi un excellent chien de fourré, broussailleur d'une intelligente activité, qui m'a été souvent précieuse. J'ai vu quelques pont-audemer qui auraient pu rivaliser avec le coker le plus ardent.

J'ai chassé souvent avec de véritables pont-audemer qui n'arrêtaient pas, il serait plus juste de dire qui n'arrêtaient plus, et j'ai vu quelques chasseurs, habitués à chasser avec ce chien-là, et n'en ayant jamais vu d'autres, soutenir que le pont-audemer n'était pas, à proprement parler, un chien d'arrêt. Je proteste contre cette affirmation, elle est absolument erronée ; si les chiens dont il s'agit n'arrêtaient pas, arrêtaient mal ou ne faisaient que *buter*, c'est que jamais on ne leur avait demandé autre chose. Employés exclusivement au marais, poursuivant chaque jour une foule de gibiers plus coureurs les uns que les autres, marouettes, poules d'eau, râles d'eau, ces chiens avaient pris l'habitude de bourrer, de couler sur la voie. J'ai parlé jadis dans *la Chasse illustrée*, à propos des chasses de Troarn, d'une des bêtes les plus remarquables que j'aie vues jamais. Eh bien, Cane, parfaitement ferme au début, à l'époque où elle ne chassait qu'en plaine avait presque complètement perdu cette qualité après dix années de chasse au marais, pendant lesquelles elle a fait tuer à son maître quelques milliers de ces intrépides fantassins qu'on nomme les *râles*, depuis le râle de genêt jusqu'à la marouette. En somme, et si par hasard il reste à quelqu'un de nos lecteurs des doutes sur les mérites du pont-audemer comme chien d'*arrêt*, je puis lui déclarer que, tout au contraire, il n'en est guère de plus fermes.

J'indique aux amateurs une charmante chienne que possède le Jardin d'acclimatation du bois de Boulogne (celle dont nous donnons le portrait). Le Jardin fera bien de la conserver. Qu'on trouve un étalon de même valeur, et l'on obtiendra sûrement des produits qui aideront à maintenir la race du chien de Pont-Audemer à la hauteur d'où tant de croisements pitoyables l'ont fait descendre dans quelques esprits.

Cet excellent chien représente, à mon avis, une de nos races les plus précieuses. C'est peut-être celle dont l'emploi pourrait être le plus utilement généralisé. C'est celle dont je regretterais le plus la perte.

Ernest Bellecroix.

LE BARBET

Le nom de barbet, qu'on donnait il y a trois siècles à tous les chiens couchants à long poil, a été remplacé depuis par celui de *caniche*, dont l'étymologie est évidemment *canard*. Longtemps *cane* désignait le barbet mâle, et *caniche* la femelle. Mais le barbet n'est pas un caniche, le chien d'aveugle.

Par certaines aptitudes pour la chasse, le barbet tient un peu de l'épagneul et du griffon, et beaucoup du caniche par son aspect et sa conformation.

Comme l'épagneul, ce chien est issu du chien de berger du Nord. Avec le temps, les croisements et le climat, le barbet est devenu ce qu'il est de nos jours.

Je ne crois pas que l'espèce soit bien fixée; ce qui m'autorise à le penser, ce sont les différences qu'on rencontre fréquemment chez elle. A l'exposition des races canines de 1863, on a primé le barbet *Lowe*, à M. Favre. Ce chien avait une tête qui ressemblait un peu à celle d'un petit terre-neuve, seulement les oreilles étaient plus longues et plus fournies de laine, mais le museau, un peu allongé, était presque nu; de longs poils ne recouvraient pas les yeux, ainsi que cela a lieu chez presque tous les barbets.

Le chien barbet, tel que je le connais, est de moyenne taille, assez fort pour rapporter un lièvre; son corps, en entier, est recouvert de laine longue qui lui retombe devant les yeux. Les oreilles sont longues, moins longues cependant que celles du caniche; quoique très trapu, il est plus haut sur jambes que le chien d'aveugle. Le pied est gros et large. Les yeux, enfoncés dans une tête ronde, lorsqu'on les aperçoit sous les poils qui les cachent, ont une expression étrange qui révèle beaucoup d'intelligence et de bonté.

Je n'ai jamais regardé les yeux si pleins de dévouement d'un caniche ou d'un barbet sans me sentir attiré vers lui, sans lui faire une caresse.

LE BARBET.

Robe d'un blanc sale, ou blanc et marron clair. — Poil long et frisé se massant par larges plaques. — Tête ronde. — Oreilles longues très garnies de ce poil qui recouvre les yeux. — Rein fort. — Membres trapus, recouverts de longs poils. — Pied rond et large. — Ongles gros. — En. B.

La queue du barbet est longue et touffue.

Je ne parle que du grand barbet, il y a aussi des barbets de petite taille. J'en ai vu toute une famille, l'été dernier, à l'exposition des races canines de Cologne; il y en avait six, ils étaient tout blancs, et réellement fort jolis. Mais, en résumé, ce ne sont que des chiens d'agrément et sans utilité pour la chasse. Cependant, les petits barbets peuvent servir à aller chercher, le matin, les canards tués dans la nuit par les chasseurs à la hutte.

Le barbet, parce qu'il arrête, est-il un chien d'arrêt, à proprement parler? Je ne le pense pas. Est-ce que tous les chiens, ou presque tous, ne marquent pas l'arrêt? N'obtient-on pas de ce bon animal ce que l'on veut par l'éducation? J'ai vu chasser dans des jeunes tailles un grand barbet noir qui arrêtait très convenablement le lapin et le faisan, mais sa quête était lente, sans animation; cette bonne bête paraissait quêter bien plus par pure obligeance que par amour, que par goût pour la chasse, il agissait sans passion aucune. En plaine, il fait trop chaud à l'ouverture; les lièvres et les perdreaux l'intéressent peu. Le véritable milieu du barbet, ce sont les marais, les futaies de roseaux, les grandes herbes humides; c'est le chien des régions paludéennes, des pays de fièvre, des huttiers, de la chasse au halbran, de la sauvagine en général, c'est le *canis aviarius aquaticus* par excellence.

Je sais qu'on me citera des barbets aussi bons que n'importe quel épagneul; c'est possible, toutefois ces sujets-là sont rares, et, quand on les regarde de près, on découvre bien vite qu'ils ne sont pas de véritables barbets, qu'il y a en eux beaucoup de choses dues à l'atavisme et qui viennent d'une autre race. Lowe, à M. Favre, déjà nommé, était un de ces chiens. Dans tous les cas, il ne faut voir ici que des exceptions, des prodiges de dressage obtenus par un maître intelligent, secondé heureusement par le hasard.

En peu de mots, le barbet est un spécialiste nullement outillé pour faire un chien d'arrêt complet; aussi ne faudrait-il pas s'étonner si on le voyait préférer une partie de dominos ou de cartes, l'estrade même du saltimbanque aux couverts les plus riches en perdreaux et en lièvres.

Tel est le barbet résultant d'un premier croisement, autant dire un caniche. Il va sans dire que le barbet s'éloignera d'autant plus du caniche pour se rapprocher du chien d'arrêt qu'il aura plus de sang étranger dans les veines. Ceci peut paraître naïf, ça n'en est pas moins la vérité.

En résumé, que faut-il raisonnablement conclure de là, si ce n'est que le barbet n'est pas une espèce confirmée, et que, en faisant produire des barbets entre eux, on retournerait infailliblement au chien d'aveugle?

Le pelage du barbet n'est que de deux couleurs seulement : il est tantôt blanc avec taches noires, tantôt avec taches marron. Ordinairement, chez mon barbet du moins, le poil est long et souvent épais, ce qui oblige à une grande propreté plus encore que chez l'épagneul.

Ce n'est pas pour rien qu'on dit : « Crotté comme un barbet. »

En définitive, le vrai mérite du barbet est d'aller à l'eau par les froids les plus excessifs et de bien rapporter.

Le water-spaniel des Anglais est notre barbet perfectionné.

Je viens de m'apercevoir que cette définition n'est pas d'accord avec la science qui, si je l'ai bien comprise, donne le nom de barbet à tous les chiens qui ont de la barbe; c'est assez logique, du reste. Voici ce qui m'a conduit à cette découverte.

Un connaisseur en fait de race, qui a toute ma confiance, vient d'envoyer au chenil du Jardin d'acclimatation un chien qu'on a placé dans la même case, à côté de deux griffons, dont l'un, par parenthèse, est à courte queue. Ce nouveau venu, selon moi, est un griffon; malgré tout le respect que je professe pour le savant qui a classé ce chien parmi les barbets, je ne puis voir autre chose. Ce sujet est très haut sur jambes, son train de derrière est très défectueux, la tête seule est bien ; le poil rude, sur le rein surtout, est court; ne sont-ce pas là les traits principaux du griffon? Il me semble que ce chien serait mieux à sa place dans la cour d'un simple amateur qu'au chenil du Jardin d'acclimatation, dont les portes doivent rester fermées aux animaux douteux et mal caractérisés.

Il est vrai qu'ici la difficulté est grande, et qu'on sera toujours embarrassé toutes les fois qu'il s'agira de se prononcer sur un animal dont la race ne sera pas plus caractérisée que celle du barbet.

A. DE LA RUE.

LES GRIFFONS

Malgré les fleurs sous le poids desquelles mon vieil et trop indulgent ami de la Rue semblait avoir juré de m'écraser, je dois avouer que j'ai hésité à faire honneur à la promesse que j'avais donnée à M. Bellecroix, et que, si l'occasion de tirer au renard s'était offerte, j'aurais essayé de la saisir, au moins par la queue.

Il y a comme cela, de par le monde, trois ou quatre questions sur lesquelles, quelle que soit la similitude de tempérament et de goûts, il est absolument chimérique d'espérer se trouver d'accord. La politique en est une, les chiens en représentent une autre. Sans doute, à l'heure où nous sommes, il ne serait pas précisément commode d'amener à une communauté de sentiments un intransigeant de droite avec un intransigeant de gauche; mais il n'est pas beaucoup plus facile, je vous assure, de décider deux chasseurs à s'entendre non pas seulement sur la valeur, mais sur le caractère extérieur de telle ou telle race canine; quand il s'agit de la détermination des origines, c'est bien pis. J'ai écouté jaser sur ces différents chapitres pas mal de connaisseurs dans ma vie, je n'ai jamais rencontré chez eux une parfaite identité d'opinions, tandis que j'en ai souvent rencontré d'autres qui, à deux ou trois mois de date, se donnaient à eux-mêmes une contradiction flagrante. L'étude de certains décrets, émanant du Sinaï de la spécialité, m'a laissé froid. Non seulement je n'ai pas pu me résigner à leur accorder le respect dû aux articles de foi, mais il a fallu tout mon amour de la paix et de l'entente cordiale pour m'empêcher de rendre la main à ma glose.

Ces observations vous indiqueront les raisons des prédilections qu'en cette occasion je manifestais pour la tangente. Émettre une jolie petite hérésie, cela peut parfaitement m'arriver, ce ne serait certainement pas un début. Je suis en proie aux plus cruels remords si je m'en aperçois, mais, sachant nos lecteurs pleins de mansuétude, je finis toujours par m'en consoler. Accepter une part dans la responsabilité d'opinions absolument contradictoires avec les miennes serait plus grave; car je n'aurais plus, vis-à-vis de moi-même, l'excuse de l'ignorance ou de l'inattention ; aussi a-t-il fallu que M. Bellecroix me fît remarquer que l'article n'engageait que son signataire pour que je me décidasse à persévérer et à apporter mon très humble moellon à cette œuvre collective. Il est donc bien entendu que, si vous me prenez en flagrant délit d'erreur, s'il m'échappe quelque solécisme, si je me trompe peu ou prou, rien de tout cela ne doit figurer au passif de mes deux collaborateurs et amis.

On prétend que l'on peint toujours bien ce qu'on aime ; je ne sais trop si l'axiome est mieux justifié que beaucoup d'autres. Les lunettes d'une passion, quelle qu'elle soit, doivent nuire à la clairvoyance, l'image qu'elles traduisent ne saurait se présenter telle qu'elle existe dans la réalité. Avec cette passion pour ferment, on peut exécuter une œuvre d'art, on ne fera point une photographie.

Ayant pendant toute ma vie nourri une passion caractérisée pour la race de chiens dont je dois vous entretenir aujourd'hui, il est donc possible que, sans cesser d'être sincère, je me montre un peu trop enthousiaste de ses qualités. Depuis trente ans, c'est à peine si j'ai fait, à l'espèce, deux ou trois infidélités passagères, de ces coups de canif anodins qui n'entament pas l'épiderme du parchemin ; cette constance assez rare doit me mériter votre indulgence.

J'ignore pourquoi, dans toutes les monographies des chiens, comme dans tous les traités de chasse, on donne la préséance au griffon sur le barbet. Le contraire serait rationnel, puisque, au seizième siècle, on confondait toute cette variété, chiens à poil long et soyeux, chiens à poil long et rude, sous le nom générique de *barbets*, et que la distinction entre les uns et les autres est relativement moderne.

Barbets et griffons sont, assurent quelques auteurs, de provenance méridionale; on a été jusqu'à leur assigner un habitat d'origine sur certains versants des Alpes et des Apennins. Cette précision dans l'information m'a toujours semblé miraculeuse; mais, ma foi dans les légendes étant restreinte, je ne les accepte que sous bénéfice d'un inventaire qui ne se réalisera jamais, et pour cause.

Il est évident qu'à l'époque où la chasse et la possession de chiens étaient des privilèges, on a dû conserver la pureté dans la filiation de certaines variétés d'élite. Mais, comme en ce temps-là on préférait de beaucoup la pratique à la théorie, que les disciples de saint Hubert aimaient un peu mieux passer leur temps à battre les champs qu'à noircir du papier, il n'est pas étonnant qu'ils ne nous aient pas légué des renseignements bien précis sur les caractères de ces diverses variétés. Le plus souvent, ceux qui s'avancent avec aplomb dans ces questions d'origine seraient grandement embarrassés si on les mettait en demeure de démontrer ce qu'ils supposent. Avec un peu d'imagination on peut aller bien plus loin encore sur ce chapitre, on peut avancer, par exemple, que le barbet provient du croisement du braque avec le chien de berger, personne ne sera en mesure de prouver que vous vous trompez.

Ce qui me paraît possible, c'est que la variété à poil dur soit plus récente que l'autre; dans mon champ d'expérimentation personnelle, son peu de fixité m'a semblé l'indiquer. Ayant élevé une quinzaine de portées de griffons dont les auteurs étaient rigoureusement sélectés parmi les poils durs, j'ai toujours obtenu, dans chacune d'elles, un ou deux individus à poils soyeux, et ce fait s'est renouvelé, malgré cette sélection, à la cinquième génération comme il s'était manifesté à la première. Faut-il y voir un cas particulier d'atavisme? faut-il conclure de ces rappels de race que le griffon poil dur est encore trop près du barbet, dont il dériverait, pour être constant dans ses produits? Je n'affirmerai rien, et pour cause.

Pendant la période de la Révolution, on s'est assez peu soucié de surveiller les croisements des chiens d'arrêt qui avaient survécu. Cet abandon s'est même continué pendant les quinze premières années du siècle, où les préoccupations d'ordre supérieur n'ont jamais manqué. Il en résulte qu'il n'est pas de race, de sous-race, de variété, dont la pureté soit absolue, et cela suffit à expliquer, avec les rappels dont je vous parlais tout à l'heure, les nombreuses variations qui réservent aux éleveurs de si désagréables surprises.

Quittons la question de l'ascendance, où toute argumentation est fatalement conjecturale, pour nous occuper du griffon.

Si vous aimez les chiens élégants, aux formes fines, à la robe satinée, à la tournure aristocratique, celui-là ne sera jamais le vôtre.

Les dehors du griffon sont rudes, incultes, presque grossiers; sa physionomie rébarbative, sa moustache hérissée, rarement bien nette, sa tête buissonneuse, formant chevelure mal peignée, rappellent le malfaiteur, quelque chose comme le forçat évadé. Une petite-maîtresse saluera toujours le plus beau des griffons de ce compliment : « Oh! la laide et vilaine bête! » Je vous suppose trop connaisseur pour vous laisser prendre à de si frivoles apparences.

Observez-le avec attention.

La tête, légèrement bombée, est large et carrée, elle se termine par une protubérance osseuse très saillante. L'œil, à fleur de tête, dont la pupille est souvent d'un jaune d'or, est ouvert, plein d'éclat, très expressif.

Il n'en faut pas davantage pour témoigner que si l'animal se classe parmi les paysans du Danube, cette bête-là n'est cependant pas un imbécile.

L'analyse des formes n'est pas moins satisfaisante : le griffon est court, sa poitrine très ouverte est fortement descendue. Faites abstraction de la toison qui l'enveloppe, vous reconnaîtrez un rein droit et bien fait, une queue parfaitement plantée, qui confirme les premiers indices de vigueur; l'épaule pèche quelquefois par l'excès de sa saillie, l'arrière-main n'est pas toujours sans défaut. Beaucoup de chiens de cette variété ont la cuisse un peu grêle, d'autres la patte trop grasse, mais l'ensemble n'en indique pas moins la force, la puissance, la solidité, comme la capacité du crâne témoigne de l'intelligence.

Généralement le griffon tient toutes les promesses de son extérieur. Il est énergique, tenace, résistant, peu sensible aux intempéries, courageux, très entreprenant; par-dessus le marché, c'est un chien de cœur et d'esprit, qui

LE GRIFFON.

Robe marron, ou gris sale mêlé de fauve. — Tête carrée couverte de longs poils rudes comme ceux du corps. — Rein large et fort. — Épaules et cuisses long
Les canons courts. — Habituellement haut monté sur des pattes solides. — Le pied rond. — Les ongles forts. — En. E.

s'attache passionnément à son maître et le comprend un peu mieux qu'à demi-mot, mais avant même que la parole lui ait traduit la volonté.

La finesse de son odorat est rarement exceptionnelle; les nez d'élite, dont les prouesses deviennent légendaires, sont rares dans l'espèce. Le plus souvent il quête bas, et n'évente tête haute que lorsqu'une brise favorable lui apporte à courte distance le sentiment du gibier; ordinairement, il le demande au terrain, aux herbes que ce gibier aura frôlées dans son passage. Aussi, comme le braque français, dont il a l'allure modérée et la quête de petite envergure, excelle-t-il à conduire une pièce qui se dérobe en piétant, comme à retrouver celle qui a été blessée. Il est fort sujet à courir le poil; on a beaucoup de peine à le guérir de ce défaut, que je déclare insupportable quand on chasse au bois.

Cette difficulté m'amène à parler de l'entêtement, que tous les écrivains qui ont traité, soit du chien, soit de la chasse, signalent sans exception comme étant le vice caractéristique de la race.

Il en est des opinions comme de la monnaie : on les accepte et on les passe sans perdre son temps à en vérifier le titre.

Après ma longue pratique des griffons, j'en suis arrivé à conclure que leur caractère varie selon les individus, exactement comme cela arrive chez les hommes et chez les chiens des autres races. Qu'il s'en rencontre qui sous le rapport de l'obstination rendraient des points à une mule, cela est possible, mais ce que je n'admets pas, c'est que ces réfractaires soient en plus grande proportion chez les griffons que chez les braques. J'en ai dressé une douzaine, tant mâles que femelles, je n'ai pas même eu à donner la patoche; plusieurs, le jour où je les sortais pour la première fois, et sans qu'ils eussent été mis à autre chose qu'au rapport, se conduisaient avec une sagesse, faisaient preuve d'une obéissance qu'on ne trouve pas toujours chez de vieux chiens.

Remarquez-le bien, je ne doute pas le moins du monde que quelques-uns de nos confrères n'aient rencontré des griffons indociles; je prétends seulement que, s'ils se montraient si rebelles, ce n'était pas parce qu'ils étaient griffons, et de plus, avant de reconnaître la légitimité de la plainte, je voudrais être bien certain si la maladresse ou l'incurie du plaignant n'ont pas été pour quelque chose dans le travers de l'animal.

Les traités de chasse nous ont rendu un fort mauvais service en formulant en règles fixes le dressage du chien d'arrêt. En fait d'éducation, qu'il s'agisse de chiens, ou qu'il s'agisse de petits humains, nulle méthode ne doit être prise au pied de la lettre. C'est à l'intelligence de l'éducateur de l'accommoder au tempérament du sujet. Prétendre dresser un chien, surtout une chienne timide et craintive, avec le fouet et le collier de force, c'est tout simplement la rebuter, l'affoler et la rendre incapable d'aucune espèce de service. Le régime de la coercition efficace avec certains caractères exubérants et fougueux ne doit même pas, pour produire tout son effet, être employé d'une façon absolue; c'est à l'intelligence du dresseur à démêler l'instant critique où, après avoir châtié, il y aura profit à encourager.

Malheureusement, neuf gardes sur dix — c'est toujours sur eux que nous nous déchargeons de l'ennui du dressage — croiraient manquer à leur dignité, s'ils se donnaient la peine d'étudier le tempérament du sujet confié à leurs soins, ou sont incapables de saisir les nuances assez subtiles qui les distinguent; ils appliquent, indifféremment, aux uns comme aux autres, le même système routinier, et se justifient en accusant le quadrupède. Ne dressez donc pas vos chiens vous-même, si la tâche vous paraît trop lourde, mais du moins surveillez attentivement et de très près les opérations du professeur, et, au cas très probable où il se fourvoierait, n'hésitez pas à le renvoyer lui-même à l'école.

Nous arrivons aux qualités typiques des griffons; les auteurs n'ont pas été à les célébrer moins unanimes qu'ils ne l'avaient été en déplorant l'opiniâtreté de leur humeur; mais peut-être, cette fois encore, auraient-ils été un peu loin dans leur enthousiasme.

A les entendre, ces chiens n'auraient pas de rivaux pour buissonner dans le fourré; à la façon dont ils parlent de cette aptitude, il vous serait permis d'en conclure qu'il suffit de mettre un griffon devant le plus hérissé des ronciers, pour qu'immédiatement et tête en avant il s'y précipite. La vocation est loin d'être aussi impérieuse. On a beau endosser un caleçon de bain, si vous ne savez pas nager, il ne vous fera pas flotter. Si parfaitement cuirassé qu'il soit, ce chien a, comme les autres, besoin d'être familiarisé avec les forteresses végétales pour affronter leurs aiguillons qui, soit dit en passant, trouvent parfaitement le défaut de son armure. Le meilleur chien que j'ai possédé, un griffon à poil dur, ne s'est jamais décidé à quêter dans l'ajonc, et tout cela parce qu'il l'avait connu trop tard, ayant jusqu'à six ans exclusivement chassé dans les commodes plates-bandes de la Brie. Son fils, au contraire, moins vigoureux, plus imparfaitement défendu par une toison soyeuse, fouillait pendant des heures les repaires les plus hérissés sans paraître s'apercevoir de leurs piqûres : tout petit il avait appris à les dédaigner.

Vous m'accuserez peut-être d'hérésie, mais pour moi la question de l'éducation prime de fort loin celle de la race. Le meilleur chien sera toujours, à mon gré, celui qui aura la chance d'appartenir à un chasseur jeune, actif, passionné et pratiquant tous les jours ou à peu près. Dans cette condition, pourvu que l'animal ait du nez, je ne crois pas qu'il puisse être ce qu'on appelle mauvais, et il a tout plein de chances pour devenir un phénix. On ne se doute pas à quel degré de perfection une communion de tous les jours peut amener cette vivante doublure, surtout quand elle s'exerce constamment sur le même terrain. J'ai vu un chien tellement rompu avec la tactique qu'exigeaient les diverses emblaves qu'il avait à battre que son initiative devançait le commandement; quand on arrivait à une petite vigne, riveraine d'un grand parc, où, au mois d'octobre, il était rare de ne pas trouver de faisans, il venait spontanément, sans qu'un signe, sans qu'un geste lui eût indiqué la manœuvre, se placer derrière son maître; la vigne traversée, il s'élançait encore de lui-même, reprenait le terrain en sens inverse, fouillant tous les ceps, inventoriant tous les sillons, procédant à une visite en règle de tous les coins et recoins de ce couvert privilégié. Il n'est pas de chasseurs se livrant à une pratique assidue qui n'aient de faits du même genre à vous raconter.

Hélas! et c'est avec une sincère tristesse que nous le constatons, cet éloge du chien d'arrêt est presque une oraison funèbre. Notre aimable collaborateur de la Blanchère a écrit dans le *Journal d'Agriculture pratique* que le gibier était fatalement condamné à disparaître dans un délai très rapproché à cause des progrès de la culture ; à notre humble avis, il s'est complétement trompé. Le gibier continuera à diminuer dans des proportions de plus en plus regrettables, mais uniquement en raison des déprédations de plus en plus audacieuses, de plus en plus générales, du braconnage ; les progrès agricoles sont absolument innocents de cet effacement, au moins en ce qui concerne la perdrix, la base essentielle de toute chasse à tir. Cherchez les départements les plus giboyeux, vous rencontrez invariablement ceux où les cultures sont les plus riches et les plus florissantes.

Ce qui s'en va, ce qui tend à disparaître, c'est la chasse au chien d'arrêt. Sans les chasseurs provinciaux, qui en poursuivent religieusement les traditions, elle serait bien près de passer à l'état de légende ; elle a été reléguée à l'arrière-plan par le goût, de plus en plus général, des campagnes expéditives, des razzias fructueuses et instantanées, où le plaisir pris s'apprécie par le nombre des pièces, non pas même abattues, mais rapportées au logis. Pour l'immense majorité des chasseurs de la région parisienne, le chien couchant est un véritable auxiliaire de luxe, dont ils pourraient parfaitement se dispenser de faire les frais. A l'ouverture, la marche en ligne circonscrit tellement son rôle, réduit si bien ses services, que l'on s'en passe sans que le résultat soit sensiblement modifié ; octobre arrivé, les battues, les traques commencent, à peine si de loin en loin on lui demandera de trouver une pièce démontée, il est devenu un embarras et on le laissera au chenil. Il est nombre de ces soi-disant collaborateurs qui ne sont pas appelés à en exercer les fonctions plus de trois ou quatre fois par an et ne sont pas les moins distingués, soit par leur origine, soit par leurs formes. Cet abandon n'empêche pas leurs maîtres de gémir sur la décadence des races, de s'étonner de la difficulté que l'on éprouve à rencontrer des chiens parfaits ! Ce qui est à peu près aussi logique que le serait la désolation d'un sportsman, lequel, n'ayant jamais fait entraîner un yearling, le verrait arriver bon dernier. Nous vous disions plus haut qu'avec une pratique constante et bien dirigée, il n'existait pas de mauvais chiens ; l'axiome a une contre-partie : le chien qui ne chasse pas ou chasse trop peu ne peut pas rester un bon chien.

L'eau me paraît être la vocation la plus caractéristique du griffon ; si l'on choisit judicieusement son jour et son heure, il est bien rare qu'il fasse beaucoup de façons, étant jeune, pour entamer la connaissance ; une fois familiarisé avec elle, il y revient avec une sorte de passion, patauge voluptueusement dans le marécage, affronte les pleine-eau en tout temps et navigue intrépidement au milieu des glaçons. Il y a huit ou dix ans, pendant un hiver rigoureux, je fus plusieurs fois forcé de débarrasser mon chien des stalactites que formaient chacune des touffes de sa toison saisies par la gelée et dont le poids risquait de le faire sombrer. Une fois dégagé de cet excès de lest, il se rejetait à la Marne avec autant d'intrépidité que si l'eau en eût été à 10 ou 15 degrés.

Maintenant, comme je vous l'ai dit à propos des canards, cette aptitude n'est pas le moins du monde circonscrite dans l'espèce ; comme la hardiesse au fourré, elle tient beaucoup plus à l'éducation qu'aux instincts natifs. J'ai vu des épagneuls, des braques, des pointers même qui étaient des chiens de marais supérieurs. Ce n'est donc pas sur la facilité avec laquelle on dresse le griffon à la chasse d'eau que j'établis la vocation dont je vous parlais tout à l'heure ; c'est sur l'impunité avec laquelle il supporte des immersions trop répétées, qui sont si souvent fatales aux autres chiens. Je ne prétendrai pas qu'il soit toujours exempt des affections rhumatismales, mais son organisme me paraît beaucoup moins sujet à en être atteint ; ayant habité les bords de la Marne, dont mon jardin seul me séparait, pendant une assez longue période, mes chiens prenaient l'eau à peu près tous les jours, hiver comme été. Néanmoins, je les ai vus arriver à l'âge de dix ou douze ans sans avoir éprouvé la moindre attaque de ce terrible mal. Je doute fort qu'en dehors des autres variétés spéciales, d'autres chiens n'eussent pas été perdus à ce régime (1).

Ce panégyrique du griffon ne serait pas complet si je négligeais de mettre en relief un mérite secondaire pour ceux de nos confrères qui ne cherchent

---

(1) Un de ces griffons avait poussé si loin ses prédilections aquatiques qu'il était devenu un pêcheur distingué. L'étui ou boutique où l'on renfermait le poisson et un bassin de 2 mètres 50 de diamètre et de 40 centimètres d'eau étaient les théâtres ordinaires de ses exploits. On

dans le chien qu'un outil, mais qu'apprécient très haut ceux qui, comme moi, ne dédaignent pas de chercher des amis parmi leurs auxiliaires, et ce mérite, c'est celui de la fidélité et du dévouement à son maître. Sous ce rapport, je ne sais trop si son arrière-cousin le caniche, aurait des points à lui rendre. Admis au rôle de commensal, il vous étonnera toujours par la vivacité de sa conception et par la docilité avec laquelle il se prête aux diverses exigences de la vie commune. Il y a deux ans, j'avais à critiquer dans le journal *le Temps* la thèse d'un partisan de l'automatisme des bêtes ; je n'ai eu qu'à retracer l'historiographie de mes griffons pour prouver que l'animal peut penser, réfléchir, comparer et compter.

lui désignait un poisson, il lui donnait la chasse, le suivant de l'œil au milieu des autres, cherchant toujours à le pousser dans un angle, puis, tout à coup, il plongeait sa tête, happait la victime désignée, pesât-elle 1 kilogramme et davantage, et la portait à la cuisine. Ce fait, assez curieux, a été rapporté par notre regretté confrère, M. Charles Jobey, dans l'ancienne *Vie à la campagne* ; il en avait été témoin chez M. Furne.

CHIENS D'ARRÊT ANGLAIS

PAR

ERNEST BELLECROIX

CHIENS D'ARRÊT ANGLAIS

En commençant cette étude sur les chiens anglais, je suis tenté de demander grâce non seulement à mes lecteurs, mais à mes deux savants collaborateurs, pour cet axiome qui servira de base à tout ce que je me propose d'écrire :
Il n'y a rien en dehors des races pures.

M. le marquis de Cherville, avec son esprit éminemment pratique, vous disait, il n'y a qu'un instant :

« Le meilleur chien, à mon gré, sera toujours celui qui aura la chance d'appartenir à un chasseur jeune, actif, passionné et pratiquant tous les jours ou à peu près. Dans cette condition, pourvu que l'animal ait du nez, je ne crois pas qu'il puisse être ce qu'on appelle mauvais, et il a tout plein de chances pour devenir un phénix. »

C'est là une vérité à laquelle je ne contredirai point; je puis même fournir un argument nouveau à cette opinion de mon spirituel ami et ajouter un exemple remarquable à ses observations personnelles : j'ai chassé, dans les marais de Troarn, avec une vieille chienne courante, fille bâtarde de tous les bâtards du pays, mais douée de qualités exceptionnelles pour la quête du râle de genêt, du râle d'eau, de la poule d'eau, de la marouette; elle chassait au marais depuis son enfance!

Mais, à mon sens, il serait fâcheux de conclure de là que le chien courant est un bon chien de marais. De même, je pense, il ne faudrait pas entendre que notre collaborateur ait prétendu que ce chasseur jeune, actif, intelligent, qui a su faire un bon chien d'une bête sans race, n'eût pas obtenu des résultats bien autrement remarquables avec un animal de haute lignée.

La vérité, la voici : moins votre chien aura de sang, c'est-à-dire moins les instincts de la chasse seront dans sa nature, moins il sera fait pour comprendre vos leçons, plus il s'y montrera rebelle, plus son éducation sera longue, pénible, et moins les résultats que vous obtiendrez seront favorables ; autrement dit, le succès sera d'autant plus heureux et plus assuré que votre collaborateur sera de meilleure maison, parce que ses facultés, sa nature même vous viendront en aide, et qu'il est créé et mis au monde pour entendre ce que vous voulez de lui.

Combien de fois ne vous est-il pas arrivé d'entendre dire :

— C'est assez qu'un chien soit bon ; sa race, la beauté de ses formes sont accessoires.

Je ne connais pas d'hérésie plus dangereuse, et c'est certainement à cette indifférence en matière de races que les chasseurs français, pourtant si bien partagés jadis, doivent d'en être arrivés à ne plus posséder aujourd'hui que des animaux qu'il est impossible, le plus souvent, de classer dans une des races autrefois bien fixées.

Assurément, c'est bien à cette indifférence qu'il faut attribuer la décadence de nos chiens, autant qu'à l'ignorance de la plupart des amateurs.

Ce n'est certes pas aux vrais chasseurs que peut être adressé ce reproche ; tous ont depuis longtemps compris qu'il faut remonter au sang pur si l'on veut faire quelque chose.

— Les effets de la double cause que nous signalons se sont manifestés et se manifestent tous les jours par les croisements les plus fantastiques, et il suffit le plus souvent qu'un chien et une chienne soient *bons* pour que leurs maîtres prêtent la main à l'alliance d'un griffon et d'une braque de Saint-Germain, d'un braque Dupuy avec une chienne du Bourbonnais.

De là, je le répète, la confusion de nos races ; de là, la disparition du vieux braque français, de l'épagneul français, par exemple, tous deux si rares aujourd'hui que je doute fort qu'on puisse m'en présenter une vingtaine d'exemplaires bien purs, dût-on les chercher dans nos quatre-vingt-trois départements.

Ceci est une vérité, contre laquelle les affirmations les plus énergiques ne pourront jamais rien.

Où est le chien *de race française* qui puisse prouver la pureté de sa généalogie depuis quatre ou cinq générations ?

Je m'entretenais récemment de la dernière exposition des chiens du Jardin zoologique. Mon interlocuteur est assurément l'un des hommes qui ont le plus étudié, qui connaissent le mieux le chien. Or, comme je m'étonnais de la nécessité où se sont trouvés les connaisseurs les plus savants, les juges les mieux autorisés, de classer les chiens par taille et par couleur au lieu de les classer par races, savez-vous ce qu'il me répondit?

J'ai transcrit textuellement sa réponse et je vous la soumets :

— Il est plus difficile que vous ne pensez de déterminer la race de tous ces chiens qu'on présente au jury d'admission. Voici comment les choses se passaient.

On amenait un chien devant ses juges :

A. — Qu'est-ce que ce chien-là, X...? Faut-il le classer dans les chiens anglais ou dans les chiens français? Est-ce un pointer ou un braque?

X. — Il n'a pas de caractères bien tranchés.

A. — Et vous, Z...?

Z. — Il n'est ni anglais ni français.

A. — En tous cas, il est blanc et orange ; classons-le dans les braques blanc et orange.

Puis, comme dans cette catégorie de braques blanc et orange il y en a de plus grands et de plus petits, on a admis deux classes, l'une pour les chiens au-dessus de 21 pouces, l'autre pour les chiens au-dessous de 21 pouces. D'où il résulte que non seulement deux chiens d'une même race, mais deux chiens d'une même portée pouvaient être classés dans deux groupes différents! sans compter qu'il y a des chiens de même race dont la couleur varie du noir au blanc en passant par toutes les gammes intermédiaires.

Il ne s'agit plus là de *braques français;* on dit simplement un BRAQUE A TACHES MARRON (!).

Mais, cependant, parmi ces braques à taches marron, il y a des chiens français et des chiens anglais, dont les caractères physiques et les qualités sont absolument différentes. Je demande où peut s'y reconnaître le public?

De même il n'y avait pas de classes pour les chiens de Saint-Germain (!), mais il y en avait deux pour les « *braques blancs à taches jaunes* (!) ».

Or, parmi ces braques blancs à taches jaunes, il y a des Saint-Germain dont on était parvenu il y a une quinzaine d'années à fixer le type; de même il existe d'autres braques blancs à taches jaunes, chez lesquels le sang anglais domine au point de se manifester par des caractères extérieurs très accentués et par des qualités d'action tout à fait spéciales au pointer.

Là encore, ô juré de mon cœur, je demande où peut se reconnaître l'amateur?

Il est donc indispensable pour ceux qui, comme moi, désirent ardemment concourir au relèvement de nos races, de travailler sans relâche à jeter de la lumière au milieu de cette confusion, d'insister, sans souci des critiques, sur la nécessité d'en revenir aux véritables principes, c'est-à-dire aux races pures.

Qu'on me permette de le répéter, c'est une erreur de dire :

— J'ai un bon chien, il fait mon affaire, bien qu'il n'ait pas de race, et... je le garde.

— Oui, sans doute, puisque vous avez un bon chien, vous faites bien de le garder; mais je puis vous répondre : Si vous avez su faire un bon chien d'un laridon, que n'eussiez-vous pas obtenu d'une bête de race?

Revenez donc avec moi aux vrais principes; montrez-vous sévère sur le choix de votre futur collaborateur : qu'il soit de telle ou telle race et non de telle ou telle couleur. On m'a reproché souvent d'être trop sévère; croyez-moi, vous ne le serez jamais assez.

Si j'ai parlé de cette exposition de chiens, c'est bien moins parce que les exemples que j'ai mis sous vos yeux fournissaient quelques arguments précieux à la thèse que je défends, qu'à cause de la confusion que la classification admise a jetée dans l'esprit du plus grand nombre des amateurs.

Et cependant, cette classification, vous avez vu qu'elle avait été pour ainsi dire imposée par la force des choses, c'est-à-dire par la décadence de nos races.

Fig. 1. — LES CHIENS ANGLAIS.

N'est-ce pas dire que je serais désolé qu'on vît dans ce qui précède une intention de critique, qui est à mille lieues de ma pensée, et que je me reprocherais non seulement comme un manque de courtoisie, mais comme une faute?

Cependant, je ne puis m'empêcher de constater que voici les connaisseurs les plus distingués et les plus savants, les hommes dont les études, les recherches, l'expérience consommée a fait à juste titre les arbitres de la matière, impuissants à déterminer la race des animaux soumis à leur examen!

Cette impuissance est tout entière à la charge des propriétaires des chiens si honteusement déchus.

Ce n'est pas ici le moment de rechercher s'il n'était pas possible d'admettre une autre règle plus conforme aux principes qui ont élevé les chiens anglais à une incomparable supériorité; mais il est du moins permis de condamner l'ineptie qui a laissé péricliter les races excellentes de notre pays, au point qu'il est en effet le plus souvent impossible de les classer d'une façon précise.

Si les Anglais possèdent des races si supérieures, si bien fixées, c'est parce qu'ils ont conservé leurs types purs avec un soin jaloux; c'est qu'ils se sont montrés d'une sévérité excessive dans le choix de leurs reproducteurs, écartant toujours, quelles que fussent ses qualités, l'étalon ou la lice qui ne possédait pas cette inappréciable pureté de sang, hors de laquelle il n'y a rien à faire.

Ceci dit, il nous sera plus facile d'entrer en matière. Nous diviserons, bien entendu, les chiens anglais en deux catégories, les braques ou *pointers* et les épagneuls ou *setters*, puis viendront les petits épagneuls et les retrievers, que nous étudierons successivement.

LES POINTERS

Avant d'entreprendre l'étude de ce chien fameux qu'on nomme le *Pointer*, je me reprocherais de ne pas protester contre une dénomination qui tend à gagner du terrain. J'entends souvent dire du premier braque venu : C'est un pointer.

Ce nom de *pointer* appartient aux seuls braques anglais, et il est bien entendu que, soucieux pour mon propre compte d'éviter dans les noms la même confusion qui existe aujourd'hui, non seulement dans les races de chiens, mais dans les idées des amateurs, chaque fois que je parlerai du pointer, j'entendrai parler du *pointer anglais;* que chaque fois qu'il me faudra dire un mot du braque français, je lui conserverai son nom de *braque*, sous lequel l'ont connu nos pères et sous lequel il convient encore de le désigner.

Afin que mes lecteurs sachent à quoi ils s'engagent en consentant à me suivre dans cette étude, je leur dois l'exposé de mon programme.

Nous étudierons d'abord les chiens anglais au point de vue de leurs facultés particulières; simple chasseur et parlant à des chasseurs, je ferai uniquement de la chasse, de la pratique, laissant de côté la science transcendante et les théories. Puis nous prendrons chacune des races qui composent cette grande et noble famille, pointers, setters, etc.; nous décrirons soigneusement leurs formes extérieures, puis nous rappellerons leurs qualités morales.

Quant aux dessins représentant les types les plus purs, les plus distingués qu'il ait pu rencontrer, l'auteur réclame l'indulgence; sa passion pour les chiens l'a souvent entraîné à des folies qui doivent lui être comptées, et ses lecteurs lui sauront gré, peut-être, d'avoir affronté quelques voyages au long cours, dans la seule espérance de leur présenter quelques types exceptionnellement remarquables.

Il y avait, à représenter ainsi plus de trente chiens de races diverses, pour la plupart au repos, sans le secours de l'*action*, en les différenciant seulement par quelques inflexions de lignes souvent très délicates, des difficultés dont on voudra bien, je l'espère, nous tenir compte.

La valeur d'un chien réside tout entière dans la finesse de son nez et dans la puissance de ses moyens d'action; j'admets, cela va sans dire, l'arrêt naturel.

Or, au moins dans l'état actuel d'abâtardissement de nos races françaises, les chiens anglais (de pure race, bien entendu) possèdent sous ce double rapport une supériorité que leurs plus grands détracteurs ne leur ont point contestée.

L'auteur d'un de nos meilleurs et de nos plus sérieux traités de chasse, Joseph Lavallée, tout en déclarant préférer les chiens de races françaises, constate cette supériorité.

C'est Lavallée, je crois, qui rappelle que la finesse de l'odorat du chien tient au développement considérable des cornets nasaux et à la sensibilité extrême de la membrane qui les recouvre. Plus ces cornets, plus ces volutes, dont se compose l'appareil olfactif du chien, sont développés, plus son odorat devient exquis.

On a fait de curieuses expériences sur le développement de cette membrane. Chez le chien français, elle suffirait à envelopper le corps entier de l'animal. Frappé de la supériorité de l'odorat du pointer, Lavallée aurait voulu qu'on fît la même expérience sur quelques chiens de cette race. Je le souhaite comme lui.

D'Houdetot, lui aussi, constate l'extrême finesse du nez du pointer anglais.

Mais, si je m'appuie surtout sur l'opinion de Lavallée, c'est parce que le commun des mortels, c'est parce que le petit chasseur, le chasseur vraiment rustique, celui auquel sont inconnues ces brillantes réserves dans lesquelles un chien est parfois un accessoire plus gênant qu'utile, ne peut trouver un meilleur guide; si je m'empare de son opinion pour l'opposer à mes adversaires, c'est précisément parce que ce maître, qui chassait à une époque où le gibier était abondant partout et peu farouche, à une époque où le chien français pouvait être suffisant, reconnaît et proclame la supériorité de l'odorat du pointer anglais.

A la bonne heure ; c'est là de l'impartialité au premier chef.

Je pourrais appeler à la rescousse d'autres auteurs également consciencieux, également appréciés ; mais, outre que je me sens peu de goût pour le système qui consiste à étayer une opinion basée sur la pratique et conforme à la stricte vérité, en entassant des observations étrangères, je préfère (et je souhaite ardemment que le lecteur approuve cette réserve) me borner à exposer, là encore, ce que j'ai vu et observé moi-même.

Ce que Lavallée a dit du *pointer*, il aurait pu le dire également des setters anglais, comparés à notre épagneul français. S'il a gardé le silence à l'égard de ces épagneuls, je crois qu'il faut en voir la raison dans ce fait qu'à l'époque où il a publié *la Chasse à tir*, les setters anglais et irlandais étaient loin d'être aussi répandus en France qu'ils le sont à l'heure où j'écris.

Prenons donc le pointer comme le type du chien où cette qualité de l'odorat est développée à son extrême puissance, et disons que la finesse de son nez est incontestablement supérieure à celle que possèdent la plupart de nos races indigènes ; j'écris à dessein « la plupart », car n'ayant pas chassé avec des représentants de toutes nos races, — ce qui est, je pense, le cas du plus grand nombre, non seulement des chasseurs, mais encore des écrivains les plus autorisés, — je ne voudrais pas médire de telle ou telle race qui peut posséder des qualités exceptionnelles. Ce que j'affirme, c'est que le pointer, les setters anglais et irlandais sont plus fins de nez que le braque de la vieille race française, que l'épagneul français, que le griffon, par exemple, voire même que l'épagneul de Pont-Audemer, cet excellent chien auquel je me plais à rendre un hommage mérité.

Ce qui est encore vrai, c'est qu'ils conservent mieux cette faculté par la chaleur.

Je cite un fait dont j'ai été cent fois témoin par les chaleurs torrides du mois de septembre : un pointer quêtant à fond de train dans un sahara de chaumes et de guérets va tomber en arrêt, comme un roc, le nez haut, sur des perdrix distantes de cent mètres et plus.

Je regrette d'être obligé de prendre un exemple qui me touche de près, parce qu'un tel exemple semble toujours entaché de partialité; mais, outre que j'espère que mes lecteurs voudront bien me faire la grâce de me supposer au-dessus de cette sotte vanité qui consiste à trouver à son chien tous les mérites réunis, il faut bien avouer que les amateurs de chiens anglais purs ne sont pas très nombreux, au moins dans les chasses où la nécessité nous attache le plus souvent; de plus, je demande qu'on me permette de prendre mes arguments où je les trouve.

Donc, entre autres excellents chiens, tous de pure race anglaise, j'ai eu longtemps pour compagnon de chasse un pointer; pendez-moi si vous voulez. Ce pointer, certes, n'est pas un de ces chiens miraculeux comme tant de chasseurs en possèdent ou en ont possédé : c'est tout simplement ce qu'on peut nommer un chien présentable, un bon chien. J'en ai vu bien des fois qui lui étaient certainement supérieurs; voilà un aveu assez rare dans la bouche d'un chasseur et qui doit vous donner la mesure de ma sincérité. Vous me permettrez donc de vous dire que ce chien, par ce seul fait qu'il est de bonne et grande race, a des qualités que sont loin de posséder tous ses camarades, et qu'il trouve et fait tirer plus de gibier que la plupart des chiens avec lesquels nous chassons habituellement, et qui sont des chiens français ou des croisés anglais très loin du sang. Je vous prie de remarquer que je ne parle pas uniquement de la chasse en plaine, je parle aussi du bois où, comme le commun des mortels, je chasse presque exclusivement dès la fin du mois d'octobre.

Ici j'ouvre une parenthèse pour constater, à ma grande joie, que je partage entièrement l'opinion de M. de Cherville,..... et que je pense avec lui qu'un chien de race (je fais toujours cette réserve) possède nativement les facultés les plus diverses et qu'il chassera également bien en plaine, au bois, au marais, selon que son maître chassera plus spécialement en plaine, au bois ou au marais. J'ajoute même que je connais plusieurs amateurs, particulièrement favorisés du sort, auxquels leurs loisirs permettent l'exercice de toutes les chasses, et qui possèdent des chiens connaissant également la perdrix et le lièvre, le faisan et le lapin, le bécassine et la poule d'eau. Ces chiens-là sont des chiens complets, parfaits. Il n'y a pas de raison pour qu'un chasseur n'obtienne pas cette perfection d'un chien de pure race, s'il peut exercer à ces diverses branches de la science les facultés natives de son collaborateur.

Je profite de l'occasion pour constater que le pointer, par exemple, peut rendre au bois d'excellents services, s'il est accoutumé à y chasser de bonne heure et surtout s'il y chasse fréquemment. Il en est de même des setters. Je ne veux pas dire et je ne dis pas, entendez-le bien, que le pointer soit le meilleur chien de bois et qu'aucun autre ne puisse s'y conduire aussi utilement : je sais qu'il y a des chiens mieux appropriés à cette chasse, et j'en parlerai plus tard. Mais je tenais à relever dès maintenant cette erreur, qui consiste à croire que la large quête des chiens anglais les rend impropres à la chasse du bois.

Le bon chien, celui qui a confiance en son maître, a compris rapidement qu'il existe entre le chasseur et lui une corrélation, une affinité, une association de manœuvres et d'action dont il ne lui sert à rien de s'affranchir : il sait que le gibier est l'objectif, qu'il ne peut l'atteindre sans le secours de son maître, et, quand il a acquis de l'expérience, il règle sa quête selon le théâtre où il opère. Mon père possédait des pointers avec lesquels il chassait indifféremment au bois, au marais ou en plaine. Je suis obligé de convenir qu'à leurs débuts au bois ces braves auxiliaires nous donnaient de la tablature. Quand nous quittions la plaine pour entrer dans les taillis, ils s'écartaient souvent, et, quand ils étaient en arrêt, comme ni les sifflets ni les appels réitérés n'y pouvaient rien, il fallait les chercher souvent pendant plus d'un quart d'heure; c'était le revers de la médaille. Plus tard, avec l'expérience leur était venue la sagesse ; ils avaient compris et ne s'éloignaient plus. Un bon chien, qui compte sur son maître, n'aime pas à le perdre de vue trop longtemps; s'il s'est écarté, il revient bien vite, et de lui-même.

Tout ceci est de la pratique.

Nous reviendrons sur ce sujet, à propos de la quête des chiens anglais.

Fig. 2. — *GOTH*, POINTER ANGLAIS, du chenil de la *Chasse illustrée*.

La supériorité du nez du pointer se manifeste à chaque instant. Là où quatre ou cinq chiens sont passés sans rien trouver, dans un fossé, par exemple, ou le long d'un chemin garni de hautes herbes, voyez-le tomber en arrêt, ferme comme un chien de pierre. « C'est un faux arrêt, crieront vos amis ; nos chiens y sont passés ! » Allez-y toujours, et vous verrez débouler un lapin ou se lever un faisan.

Ce que j'ai vu ainsi ramasser de pièces oubliées ferait un riche bouquet.

Or, ce que fait un chien, un autre de même race peut le faire ; il n'y a donc pas à s'enorgueillir de ces petits succès, si chers au cœur des fidèles de notre grand patron : il suffit de choisir son collaborateur dans les individus possédant ces qualités exceptionnelles.

Je vois d'ici m'accuser de partialité ceux qui tiennent aveuglément pour les chiens français. Je n'ai point la prétention de convaincre ceux-là, et ce que je dis s'adresse uniquement aux chasseurs qui veulent bien comparer avant de se former une opinion.

Là, d'ailleurs, se poserait une question délicate.

Un beau jour, un des aimables abonnés de la *Chasse illustrée* avait bien voulu m'adresser la photographie d'un superbe braque qu'il pensait, à juste titre, devoir m'être utile pour les dessins de cet ouvrage.

En m'empressant de remercier de sa bienveillance mon très gracieux correspondant, je lui demandai s'il pouvait me fournir quelques renseignements sur le pedigree de son chien. Il eut l'obligeance de me répondre qu'il lui avait été vendu comme braque français. Je ripostai en protestant contre cette origine, les formes de ce chien, ses membres, son fouet, sa tête et d'autres caractères encore se rapprochant bien plus du type anglais que du type français. M. X... voulut bien prendre la peine de remonter à l'origine, ce qui, vu le temps écoulé, n'était pas chose aisée ; bref, tous renseignements pris, il se trouva que ce braque français était bien et dûment de souche anglaise.

Donc, et réservant, bien entendu, les exceptions, je répondrais aux chasseurs qui opposeraient la finesse extraordinaire du nez d'un chien français à cette affirmation que le pointer possède une incomparable supériorité d'odorat, je leur répondrais :

— Êtes-vous donc si sûrs, au milieu de la confusion de nos races, que ce chien français n'ait pas dans les veines quelques gouttes de sang anglais? Et si, comme a pu le faire si gracieusement M. X..., mes contradicteurs voulaient bien se renseigner, je reste convaincu que nous finirions par tomber d'accord.

Dieu merci, je ne suis pas le seul, en France, à être féru de ces chiens anglais, qui ont le don d'exciter tant de critiques amères, et, pour n'en citer qu'un seul, dont tous les amateurs connaissent le nom et les mérites, j'en appellerai à M. Paul Caillard, dont les chasses, les chiens, les connaissances pratiques et une incomparable habileté ont fait l'un des premiers chasseurs de notre pays, l'un de ceux dont on peut le plus utilement consulter l'opinion, une opinion vraiment pratique, celle-là.

Or, M. Paul Caillard possède et conserve avec un soin jaloux les plus belles races de chiens d'arrêt anglais, et je vous demande si un amateur de ce calibre serait allé chercher en Angleterre, aux origines les plus accréditées et les plus célèbres et à grands frais, des chiens dont il aurait pu trouver l'équivalent chez nous?

Il est bien entendu que cette opinion que j'exprime ici n'engage aucunement mes deux collaborateurs : dans cet important travail, dont chacun de nous a sa part, il a été convenu que le lecteur trouverait exposées les pièces d'un procès dont il est le juge souverain.

Ceux qui tiennent pour les chiens français trouveront dans ce que leur a dit M. de la Rue, l'exposé des qualités qui les recommandent à leur attention; mais le difficile sera de trouver des chiens d'arrêt authentiquement français. Ayant dans mon lot les chiens de race anglaise, je dois à mon tour les présenter à mes lecteurs avec leurs qualités et leurs défauts.

En première ligne, parmi ces qualités, se trouvent la finesse extrême de l'odorat et la fermeté de l'arrêt : je le constate, et voilà tout.

C'est une erreur absolue de croire que l'ardeur du pointer rend son dressage plus difficile et le dispose plus volontiers qu'un autre chien à forcer l'arrêt. Tout au contraire, aucun chien n'est plus ferme; dès que le sentiment du gibier lui arrive, il est pétrifié. Combien en ai-je connu qui *arrêtaient trop*?

Ils étaient là comme paralysés, comme médusés, comme des chiens de marbre, les muscles démesurément tendus, ne vivant plus que des yeux ; mais quels yeux ! On aurait dit véritablement qu'ils étaient impuissants à faire le moindre mouvement ; ce n'est que plus tard, quand l'expérience leur était venue, qu'ils marchaient sur la piste par larges saccades et toujours le nez haut.

Tout ceci, ce sont les qualités ; maintenant vont venir les défauts... puisque la façon de quêter du chien anglais est un défaut aux yeux de tant de chasseurs français.

Mais, comme la quête est une des facultés essentielles de notre collaborateur, nous allons étudier la quête des chiens anglais en général et du pointer en particulier.

Il est certain que, pour les chasseurs habitués au calme travail du braque ou de l'épagneul français, les allures impétueuses des chiens anglais sembleront tout d'abord un défaut capital.

En effet, la manière des uns et des autres est tout opposée. Autant la quête des chiens français, sauf peut-être celle du braque Dupuy, est sage, mesurée, prudente, autant celle des chiens anglais est ardente et passionnée. Les uns quêtent tranquillement, au petit trot ; les autres chassent toujours au galop, arpentant le terrain avec une ardeur sans cesse renaissante, avec une sorte de furie, et semblent emportés par une passion dévorante servie par des muscles d'une incomparable puissance : c'est une affaire de tempérament. Je ne dis pas, entendez-le bien, qu'il soit impossible de diriger la quête des chiens anglais ; ce serait une énormité, et, bien qu'on en ait prétendu à cet égard, je pratique depuis trop longtemps le chien anglais pour ne pas affirmer que ceux qui ont avancé cette hérésie n'entendaient rien à la chasse ou ne connaissaient pas les chiens. Le pointer le plus vigoureux, le setter le plus énergique, sont susceptibles, au même degré que les autres chiens, d'acquérir les qualités de souplesse et d'obéissance que nous devons exiger de nos collaborateurs. J'ajoute même que je n'ai jamais vu un seul chien dressé selon la méthode française, aussi souple, aussi mécaniquement soumis que ces chiens anglais, pourtant si puissants, si énergiques, quand ils sortent des mains des dresseurs anglais.

Ce que je veux établir pour le moment, c'est que, dans le plus grand nombre des cas, vos efforts seront impuissants à réduire en mètres carrés la quête du pointer ou du setter, que, du moins pour la chasse en plaine, vous parviendrez rarement à les maintenir dans vos culottes, comme l'épagneul ou le vieux braque français.

J'ai expliqué plus haut qu'un bon pointer, au bout d'un certain temps de pratique, raccourcissait de lui-même ses allures quand il opère au bois : il en est de même des setters.

Puisqu'il est convenu que nous ferons uniquement de la chasse, nous allons causer ensemble, si vous y consentez, de la quête des chiens anglais au point de vue pratique.

Si nous comparons la quête du chien français et celle du chien anglais, il faut bien reconnaître qu'ils peuvent difficilement opérer ensemble sur un même théâtre. Quand on chasse en ligne avec deux pointers et deux ou trois chiens français, braques ou épagneuls, ces derniers sont immédiatement rejetés au second plan, je dirais presque annihilés. Les deux pointers, s'ils sont bien dressés à une quête en travers, feront la besogne pour les tireurs de toute la ligne, et les chiens français, toujours derrière ces grands batteurs d'estrade, ne trouveront guère que les pièces *oubliées*, qui seront peu nombreuses, précisément à cause de la supériorité de l'odorat de leurs rivaux.

J'ai été maintes fois témoin de ce fait.

Un des abonnés de la *Chasse illustrée*, l'honorable M. des M..., de Maisons-Laffitte, avait fait venir d'Angleterre, il y a quelques années, une chienne pointer orange, de grande race et parfaitement dressée. Après quelques jours employés à poser les bases de cette intimité qui doit exister entre le chasseur et son chien, M. des M... avait essayé *Miss*, dont le savoir-faire avait dépassé les espérances de son maître : quête magistrale, nez d'une finesse extrême, arrêt de pierre, dressage parfait, tout y était.

Vint le jour de l'ouverture.

M. des M... présenta sa chienne à ses amis, qui se récrièrent sur la beauté de la bête. Le moment solennel arriva : ces messieurs se mirent en ligne, et notre abonné prit place au milieu de ses camarades, précédés chacun d'un chien français ou croisé, comme en possèdent la plupart des sociétaires de chasse des environs de Paris, bons toutous que je connais.

Miss se mit en quête, comme quêtent ses pareils, au galop et le nez haut. Elle eut bientôt dépassé les cinq ou six malheureux braques qui accompagnaient les amis de son maître et, croisant à fond de train sur la ligne, s'en alla planter un arrêt à deux cents mètres en avant. Celui de ces messieurs qui se trouvait le plus rapproché alla la servir, puis la chasse continua. Un instant plus tard, Miss était encore en arrêt à l'autre extrémité de ce front de bandière, qui tenait plusieurs centaines de mètres d'étendue. Aucun des chiens français n'avait encore trouvé l'occasion de marquer un arrêt. Les choses continuèrent de la sorte pendant plus d'une heure, et toujours Miss, faisant la besogne de ses sages collaborateurs, leur avait épargné la peine de trouver la moindre pièce de gibier. La chose était naturelle : les pauvres bêtes n'avaient devant elles qu'un terrain déjà battu par une gaillarde avec le nez de laquelle il n'y avait pas à plaisanter.

Les camarades de M. des M... commençaient à murmurer, et, comme les choses menaçaient de se prolonger tant que durerait la chasse en ligne, le président de la Société se vit forcé de prier M. des M... de faire mettre sa chienne en laisse; la pauvre Miss fut confiée à un porte-carnier et reconduite à la ferme. Tout rentra dans l'ordre, et les amis de notre abonné purent alors profiter des *qualités* de leurs chiens.

Je pourrais multiplier ces exemples : je n'en citerai plus qu'un.

Il y a de cela une quinzaine d'années; c'était encore un jour d'ouverture. Mon père chassait là pour la première fois. Ses compagnons tenaient pour les chiens français et ne connaissaient les pointers que de réputation. L'un d'eux, M. D..., juge au tribunal d'A..., était accompagné d'une charmante et parfaite épagneule française, l'une des dernières bêtes de race pure qu'il m'ait été donné d'admirer; le collaborateur de mon père était un pointer anglais que nous nommions Mac.

Il y a quinze ans de cela, et, dans ce bon pays, la chasse en ligne et les battues étaient encore ignorées; chacun opérait à sa guise et pour son compte sur un théâtre d'ailleurs banal, mais où la perdrix abondait. On se mit en chasse.

Mac prit les devants et fut quelque temps sans rien trouver; la chienne de M. D... chassait paisiblement à une trentaine de pas de son maître. Je vois encore l'ébahissement de cet excellent chasseur en contemplant ce terrible Mac, dont la quête endiablée renversait toutes ses idées sur la chasse au chien d'arrêt.

— Mais, Monsieur, dit-il à mon père, si votre chien maintient cette allure-là pendant toute la journée, je crois que vous ferez maigre chasse.

— J'espère, Monsieur, répliqua mon père, ne pas me montrer indigne de l'honneur que vous m'avez fait en voulant bien me piloter dans un pays que j'ignore absolument; j'espère aussi que vous reviendrez sur l'opinion que vous avez de ce pauvre Mac.

Puis, pour ne pas gêner par le voisinage immédiat de son chien la quête de la chienne de M. D..., nous nous éloignâmes sur la gauche, réglant cependant nos manœuvres sur celles de notre compagnon.

M. D... était excellent tireur; le soir venu, il avait 20 perdreaux (il ne tirait pas les cailles); mon père, 55 perdreaux et 20 cailles.

Mon père et M. D... devinrent amis, et il n'y avait pas de semaine où ils ne chassassent ensemble plusieurs fois, et non seulement à l'arrière-saison, quand il s'agissait de tuer quelques perdrix, mais chaque fois qu'il nous accompagnait, M. D... laissait sa chienne à la maison et mon père prenait ses deux pointers.

Je vous dirai plus loin comment nous opérions.

— Il n'est pas étonnant, disait, deux années plus tard, M. D..., que vous tuiez tant de gibier : vos chiens en trouvent où il n'y en a pas.

J'ignore si cet honorable magistrat a modifié ses opinions; mais, à la suite de l'expérience prolongée dans laquelle il avait été non seulement témoin, mais acteur passionné, il était devenu fanatique des chiens anglais.

D'ailleurs, je le répète, je ne cherche pas à faire des prosélytes; je constate tout bonnement des faits.

Il est donc certain que le pointer anglais ne convient pas à un amateur faisant partie d'une Société de chasse, où le bien, trop souvent, doit fléchir devant une règle commune, établie de manière à ménager à la fois et les petites susceptibilités de tous et l'intérêt de chacun.

J'ai fait voir le rôle des chiens français, dans une chasse en ligne, en présence d'un seul pointer; je comprends trop le désagrément qui en résulte, et je n'insiste pas.

Maintenant, qu'on ne vienne pas me dire que ce chien, qui quête constamment à fond de train, laissera nécessairement derrière lui un grand nombre de pièces, et que la récolte glanée par les chiens français après le passage de ce maître coureur sera encore suffisante pour les maintenir à un rang fort honorable. J'ai dit que le pointer anglais avait un nez incomparable, et je répondrai qu'il laissera peut-être *quelques* pièces, mais *un grand nombre*, jamais.

Sans doute encore, le pointer anglais, le setter, ne rendront pas de services exceptionnels dans les chasses princières, où le gibier pullule, où le chasseur n'a, pour ainsi dire, que faire du concours d'un chien pour coucher à terre des centaines de pièces. Non, ce n'est pas là son théâtre.

Avant nos désastres de 1870, j'ai été appelé à concourir à la destruction du gibier dans les parcs et forêts de la couronne; j'ai eu la primeur de tirés princiers en plein mois de septembre, à Saint-Cloud, à Marly, à Versailles; j'ai été roi ou empereur, comme vous voudrez, pendant quinze jours, et j'avoue avoir fait de mon mieux pour laisser le moins possible à nos ennemis, qui arrivaient.

Je ne vous fatiguerai pas du récit de ces hécatombes; je suis sorti de là, fatigué jusqu'à la satiété, jusqu'à la répugnance.

A Marly, comme à Saint-Cloud, un de mes amis, que j'avais convié à cette triste fête, était accompagné d'un excellent setter anglais, blanc et orange, dont je connaissais de longue date la quête impétueuse et les jarrets infatigables. Avant même que nous eussions mis le pied dans les agrainages qui précédaient les tirés, Pyrame, qui d'habitude quêtait à deux ou trois cents mètres de son maître, Pyrame était en arrêt, et de toute la journée il ne quitta l'arrêt que pour rapporter les faisans, qui pleuvaient.

J'ai vu dresser un des chiens les plus remarquables de la vénerie impériale. Ce chien, un pointer anglais blanc et marron, superbe et excellente bête, avait en plaine une quête exceptionnellement longue et ardente que n'avait pu réduire la science du plus habile dresseur que j'aie jamais connu. Son *éducation* achevée, quand Trimm fut appelé à exercer ses talents sur le théâtre où sa destinée l'appelait, ce chien avait une quête fort ordinaire et ne se distinguait plus que par la finesse de son odorat et la solidité de ses arrêts. Il chassait au milieu d'une sorte de basse-cour.

Non, c'est sur un autre théâtre que brillent les qualités particulières aux chiens anglais; c'est dans ces plaines dénudées où se promène chaque nuit le drap des morts, c'est dans ces campagnes dépeuplées où les compagnies sont quelquefois séparées par des déserts de plus d'une demi-lieue que le chasseur rustique apprécie le mérite de ces allures rapides, de ces muscles d'acier, de cette infatigable ardeur, que reprochent aux chiens à grandes actions ceux qui n'en ont que faire.

On m'a dit souvent : « Mais avec un chien qui quête à deux cents mètres, vous ne tuerez rien, si le gibier ne tient pas ! »

J'avoue ne pas comprendre.

En premier lieu, je dirai que c'est le chasseur et non le chien que redoute le gibier. Vous verrez au mois de décembre des perdrix partir sous le nez d'un chien de ferme traversant seul la plaine; et ces mêmes perdrix, vous ne les eussiez pas approchées à cent mètres, votre chien fût-il sur vos talons.

L'erreur est précisément de s'imaginer qu'on aurait pu tirer des perdrix qui se sont levées d'effroi devant un *bon* chien. Croyez bien ceci, c'est que, s'il ne les a pas approchées à cinquante pas, vous ne les eussiez pas approchées à cent mètres. Je sous-entends toujours, naturellement, que votre collaborateur est de haut nez et très ferme, ce qui revient à dire qu'il est de grande race et bien dressé.

Je vais plus loin et je suis persuadé que les perdrix (le plus intelligent peut-être de tous nos gibiers) connaissent parfaitement les chiens, sinon les chasseurs, qui opèrent habituellement sur le même théâtre. J'ai connu un vieux praticien qui barbouillait de cirage et de boue son chien blanc quand il lui fallait approcher des perdrix à l'arrière-saison. Sitôt qu'il

Fig. 3. — LE POINTER ANGLAIS.

sortait de la ferme, précédé de Black, ainsi nommé parce qu'il était blanc, les perdrix se tenaient ce raisonnement :

— Tiens, voici Black et ce brigand de père Bonin; décampons !

Et elles se mettaient à l'essor.

Le père Bonin, qui est assurément le plus grand chasseur qu'il m'ait été donné de connaître, prétend que, grâce à ce procédé, il est parvenu quelquefois à approcher des perdrix autrement inabordables. C'est ma foi bien possible et, pour ma part, je le crois volontiers.

Donc je poursuis. A quoi bon un chien, *si le gibier ne tient pas?* Il se lèvera parbleu bien tout seul; autrement dit, si votre chien est dans vos culottes, lèvera-t-il une pièce que vous n'eussiez levée vous-même quand *le gibier ne tient pas?*

J'avoue donc ne pas comprendre l'objection qui consiste à dire qu'un chien à grandes allures est nuisible quand le gibier est devenu farouche et je réponds : Non, un chien à grandes allures, fin de nez et ferme, n'est jamais nuisible. Ah! si vous avez affaire à un brigand, à un de ces merveilleux chiens qui tiennent l'arrêt... une minute et même moins, qui coulent avec une folle ardeur sur la voie des perdrix, qui s'emballent, comme on dit, oui, dans ce cas, vous avez mille fois raison, ne le laissez pas s'écarter, tenez-le sous vos canons. Mais si votre collaborateur a acquis de vous cette haute opinion que vous méritez, s'il chasse de haut nez et arrête de loin, s'il est de taille à attendre, sans forcer son arrêt, que vous ayez fini de battre ce guéret où vous espérez trouver un lièvre, si vous savez qu'il ne forcera *jamais*, même au coup de fusil (et c'est ce que j'entends quand je dis qu'un chien arrête bien), en ce cas, laissez-lui la bride sur le cou et ne regrettez pas le gibier qui ne tiendra point; s'il n'a pas tenu devant lui, il aurait encore bien moins tenu devant vous.

En somme, le gibier qui ne tient plus, c'est le gibier qui a de l'expérience, or, ce gibier-là, l'expérience même lui a démontré qu'il n'a rien à redouter du chien, et que c'est vous qui portez la mort; il ne fuit le chien que parce qu'il vous annonce.

J'ai tant de fois plaidé la cause des chiens à grandes allures, que je crains de tomber dans des redites; cependant, ce travail ne serait pas complet si je m'arrêtais ici, et je continuerai en expliquant de mon mieux comment, loin d'être nuisible, le chien qui possède la quête la plus large est précisément celui que doit rechercher le chasseur rustique, auquel je m'adresse plus particulièrement en ce moment, s'il veut rejoindre des perdrix à l'arrière-saison, ce qui est, à mon sens, la plus haute expression de l'art.

Je ne sais si vous êtes de mon avis, mais, pour ma part, je tirerai plus volontiers mon chapeau à ce véritable enfant de saint Hubert qui rentre avec trois ou quatre perdrix tuées loyalement au mois de novembre qu'au tireur habile qui a massacré, en quelques heures, quatre ou cinq douzaines de faisans, de lièvres et de lapins : tout le monde peut imiter le second; le premier... c'est une autre affaire.

Quoi qu'il en soit de l'opinion de mes lecteurs à cet égard, ils ne m'en voudront pas, je l'espère, d'avoir en toute franchise abordé cette discussion et exposé ce que je crois être la vérité.

Je leur ai promis de faire de la pratique, j'en fais.

Je prétends donc que la quête large et étendue d'un chien n'est pas nuisible au point de vue même des résultats que recherchent le plus grand nombre des chasseurs, c'est-à-dire au point de vue de l'abondance de la récolte, et je voudrais pouvoir me flatter d'avoir fait justice de cet argument qui consiste à prétendre que le gibier qui a fui d'effroi devant le chien aurait pu être approché à portée par le tireur. — Mais cette espérance est une illusion, et c'est sur le terrain que je voudrais pouvoir convaincre mes contradicteurs.

D'Houdetot, l'auteur du *Chasseur rustique*, avait autrefois posé les termes d'un pari qui n'a jamais été tenu. Au premier abord la difficulté proposée n'était cependant pas de nature à effrayer les habiles. Il s'agissait tout bonnement de tuer douze cailles de suite, ce qui n'est pas un tour de force, surtout étant donnée la faculté de choisir les pièces. D'Houdetot n'a pas trouvé de tenant, pour ce seul motif qu'en cas de réussite du premier essai, il demandait une revanche. J'aurais volontiers tenu avec cet habile chasseur, non pas que je considère comme impossible de tuer quinze ou vingt cailles sans en manquer une; mais parce que, quand il faut accomplir cette prouesse à point nommé, quand l'amour-propre s'en mêle, quand il s'agit d'un pari, qu'un seul coup malheureux peut faire perdre, c'est là autant d'atouts dans le jeu de celui qui tient contre le tireur.

Eh bien, je ferais volontiers moi-même un autre pari, qui consisterait à chasser en plaine, une quinzaine de jours, par exemple, après l'ouverture, moi précédé d'un chien à grande quête, de haut nez et bien ferme, et mon partenaire accompagné d'un chien quêtant sous le canon. Mais, comme d'Houdetot, je poserais ma petite condition, à savoir que *les seules pièces compteraient qui seraient tirées* SOUS L'ARRÊT DU CHIEN.

En effet, dans une lutte de ce genre, où il s'agit de juger du mérite respectif de deux chiens, ou du moins des résultats plus ou moins favorables qu'on peut obtenir de leur quête, il ne faut pas compter sur le hasard, sur les raccrocs; or, tout gibier qui n'a pas été trouvé et arrêté par le chien, tout gibier qui part de lui-même, sans que le chien en ait eu connaissance, tout gibier qui se lève sans son concours ne doit pas être mis à l'actif de ses qualités.

Je sais toutes les objections qu'on peut m'opposer, j'y réponds d'avance en disant que rien ne peut prévaloir contre cette vérité, que les seules pièces à la mort desquelles a collaboré votre compagnon sont celles qu'il a levées lui-même; c'est là sa part dans votre succès; ce sont ces pièces là seules qui doivent servir à établir sa supériorité; c'est là-dessus qu'il faut juger du mérite de son travail.

Si un choupille, enfant du ruisseau, fait tuer à son maître plus de gibier que la plus noble bête, libre à lui de le préférer. — Pourtant je me permettrai, en ce cas, de demander ce que devient la question d'*art?* C'est là cependant un point qui intéresse les délicats et, grâce à Dieu, il en reste encore. S'il faut compter seulement les résultats, j'indiquerai d'autres moyens de remplir plus promptement encore la chère besace; il n'en manque pas, et le paysan breton qui, au travers de la haie, assassine une compagnie de perdreaux tout entière est là pour nous enseigner les procédés qui *rendent* le plus.

Pour celui qui aime vraiment la chasse, pour celui qui sent battre en son cœur le feu de cette noble et généreuse passion, les joies, comme le mérite, ne consistent point dans la quantité de pièces abattues, mais dans la façon dont ces pièces ont été abattues. Les neuf dixièmes du temps une bande d'excellents chasseurs tueront plus de faisans au rabat qu'ils n'en auraient tué en chassant au chien d'arrêt, et pourtant qui oserait mettre en comparaison le mérite des deux procédés ?

Quelques chasseurs pensent que, plus le gibier devient farouche, plus la quête du chien doit être courte. Voyons un peu.

Nous sommes au mois de novembre : le temps est au dégel, le ciel est gris et bas ; il s'agit d'aller faire un tour en plaine.

— Ma foi ! j'aime mieux autre chose.

— Parbleu ! et moi aussi, j'aime mieux autre chose, et Dieu merci...; mais il ne s'agit pas pour le moment de vous ou de moi ; il s'agit du plus grand nombre de nos confrères, de ceux dont le maigre canton n'a pas l'abondance des chasses privilégiées, de ceux que la modestie de leur fortune oblige à se contenter des ressources naturelles d'un théâtre où la chasse est banale, où le gibier est devenu à la fois si rare et si farouche, qu'il faut pouvoir lutter avec lui d'énergie et d'habileté.

Or, ce chasseur rustique, qui mérite bien, je pense, d'être compté au nombre de nos plus habiles confrères, savez-vous le collaborateur qu'il s'associera pour obtenir quelques succès quand les beaux jours de septembre sont passés ? Eh bien, ce chasseur-là, qu'il opère en plaine ouverte ou dans des champs enclos, il prendra toujours un chien à grandes allures.

J'ai chassé en Normandie et dans le Perche, j'ai chassé en Poitou, j'ai chassé en Bretagne, là où la plupart des champs sont entourés de ces haies épaisses que vous connaissez. Que serions-nous devenus, bon Dieu, s'il nous avait fallu accompagner un chien court dans chaque pièce de terre ?

Avec un pointer, les choses vont toutes seules ; on ouvre la porte en branchages ou l'échalier qui ferme chaque champ, le chien part au galop, dût-il aller prendre le vent à l'autre bout de la pièce ; s'il tombe en arrêt, on va le servir ; s'il ne trouve rien, on passe à la pièce voisine, et toujours ainsi jusqu'au soir. Avec un chien court, dans le même espace de temps, sans compter la fatigue, le même chasseur aurait battu vingt fois moins de terrain.

Vous me rendrez cette justice de convenir que je ne redoute pas les difficultés et que j'en prends au contraire le maximum, en vous conviant à chasser, au mois de novembre ou de décembre, dans cette plaine sombre, depuis longtemps dénudée, où le gibier n'a jamais trouvé ni protection ni abri, où il n'a jamais rencontré que des ennemis à deux et à quatre pattes, en tout temps, d'un bout de l'année à l'autre, le jour comme la nuit : vous voyez que je suis très brave et que c'est bien du vrai gibier, celui-là, auquel il faut un adversaire sérieux et bien secondé.

Or, comment arriverez-vous à tirer si vous ne parvenez à *fatiguer*, à *diviser* ces farouches perdrix, dont vous connaissez la défense endiablée ?

N'est-il pas incontestable que vous obtiendrez plus facilement et plus promptement ce résultat avec un chien très long qu'avec un chien très sage ? Mais entrons en chasse.

Donc nous sommes au mois de novembre : les perdrix partent à cinq cents mètres ; n'importe, sifflons Trim et partons.

Les longues jambes de notre brave collaborateur, sa quête ardente, vont nous aider, tout d'abord, à trouver cette fameuse compagnie que nous mettrions deux heures à trouver avec un chien court. Dès qu'elle se lèvera, comptons le nombre d'individus qui la composent, et marchons vivement à la remise ; pour nous, à partir de ce moment, cette seule compagnie existe et nous négligerons tout le reste. Donc à la remise. Les grandes allures de Trim nous permettront encore de la trouver promptement, et c'est là le point capital : il ne faut pas laisser aux perdrix le temps de se reposer. Or, plus la quête de notre collaborateur sera longue, plus vite il relèvera cette compagnie que, de notre côté, nous prendrons grand soin de rejeter sans cesse dans nos limites ; c'est dans cette manœuvre délicate qu'il ne faut pas craindre de prendre de grands devants.

C'est surtout pendant les temps sombres de l'hiver que les jambes du chien anglais sont précieuses pour relever rapidement des perdrix que l'œil n'a pu suivre jusqu'à la remise, à travers le brouillard.

Faites faire de la sorte à des perdrix six, sept et quelquefois huit vols, et vous les verrez graduellement faiblir devant cette poursuite opiniâtre. Le plus souvent, vers la cinquième ou sixième reposée, elles tentent, pour se débarrasser de l'ennemi, un effort suprême, elles franchisent des espaces énormes.

Vite, ne perdez pas une seconde, c'est leur dernière ressource, c'est le sort de la journée qui est en jeu! Encore un effort, et vous allez être récompensé de vos peines. En effet, voici Trim en arrêt, les perdrix, déjà fatiguées, tiennent devant lui, et ce n'est qu'à votre approche qu'elles se décident à partir, tant il est vrai qu'elles fuient l'homme et non le chien, et qu'elles se soucieraient comme d'une guigne de votre collaborateur, si sa présence ne leur annonçait la vôtre.

A partir de ce moment-là, vous pouvez considérer la partie comme gagnée : vous rapporterez quelques pièces au logis. Suivez donc la compagnie, et, cette fois, quand elle partira, fût-elle encore hors de portée, saluez-là de vos deux coups; vous allez voir les malheureuses perdrix affolées se diviser : l'une ira se mettre dans un guéret, l'autre dans un blé nouveau, d'autres le long des fossés qui bordent la route; enfin la débandade est dans les rangs, et c'est bien le diable si vous n'arrivez pas à en peloter trois ou quatre, tout comme à l'ouverture, dans un trèfle.

C'est donc surtout dans les pays peu giboyeux qu'éclate toute la supériorité des grandes allures des chiens anglais, et non, je le répète, dans des réserves où pullule un gibier de basse-cour. C'est dans ces plaines dépeuplées qui ne conservent, au mois d'octobre, que quelques compagnies éloignées d'une lieue, que l'on sent tout le mérite de ces chiens à jarrets d'acier, à nez d'une finesse incomparable, qui, battant avec une sûreté miraculeuse des espaces énormes, finissent par vous mener sur cette compagnie qui vous promet la joie d'une lutte ardente pour toute la journée.

Noble plaisir, celui-là, dans lequel les plus hautes facultés du chasseur sont mises simultanément à une longue épreuve; l'énergie, l'opiniâtreté, les savantes manœuvres, tous les grands instincts de la chasse, toutes les jouissances élevées, voilà ce que vous recueillez et ce qui vous honore. Voilà la vraie chasse, pleine d'émotions profondes, de triomphes d'amour-propre, de joies intimes et égoïstes, dont le souvenir ne s'efface point.

Je me sens emporté par mon enthousiasme; c'est que, tout cela, je l'ai fait.

Mon opinion est donc basée sur la pratique. Je ne prends rien à personne, et, quand je cherche à faire entrer dans votre esprit la conviction qui est dans le mien, c'est dans l'espérance de vous préparer des plaisirs que vous ignorez, si vous ne connaissez pas les chiens anglais. Je le redis encore, pendant les premiers jours, un chien court aura l'occasion de vous faire quelques beaux arrêts, parce que la plaine étant garnie de chasseurs, il trouvera çà et là des perdrix fatiguées par d'autres; ce beau temps passé, à moins que vous n'opériez sur un théâtre où le gibier abonde et où le plus médiocre auxiliaire est suffisant, passé ces premiers jours, qu'on nomme la primeur, je conviens avec Toussenel qu'il deviendra extraordinaire de tirer sous l'arrêt du chien (un chien D'ARRÊT pourtant).

Si l'on me demande ce que vient faire Toussenel en cette affaire, je dirai qu'il y a plusieurs années, cet écrivain incomparable, ce naturaliste d'un si grand mérite, avait publié certaine note dans laquelle il déclarait que, sur une soixantaine de pièces abattues par lui en deux ou trois jours d'ouverture, c'est tout au plus s'il avait tué une dizaine de pièces sous l'arrêt de son chien. Cette déclaration était suivie d'une charge à fond contre les chiens anglais.

Eh! c'est précisément parce que Toussenel chassait avec un chien français qu'il avait si peu tiré sous l'arrêt; il me semble que tout ce qui précède en est la preuve évidente.

Quoi qu'il en soit de ma démonstration, à mon avis, moins un canton est giboyeux, plus un chien de grande race, de grand nez, de grandes allures, est précieux : là où le gibier pullule, prenez n'importe quel chien; pourvu qu'il vous plaise, ce sera assez.

Tous les jours, pendant que cette discussion, paraissait dans la *Chasse illus-*

trée, je recevais soit de nos abonnés, soit de mes amis, une foule de lettres auxquelles il m'était impossible de répondre,

« *Loué par ceux-ci, blâmé par ceux-là.* »

De même aujourd'hui, je suis obligé de prier ceux de mes lecteurs qui ne partageraient pas encore mon avis, d'attendre la fin de ce travail, avant de me condamner sans appel.

*
* *

Maintenant que nous vous avons indiqué à grands traits les qualités générales qui distinguent les chiens de race anglaise, nous allons aborder de suite la description de l'extérieur du pointer anglais.

Il existe aujourd'hui plusieurs variétés de pointers qui, bien que différant entre elles par quelques points de leur construction, présentent néanmoins des caractères généraux communs très appréciables pour le connaisseur.

Quant à la robe du pointer, elle varie du noir au blanc en passant par les nuances intermédiaires; pourtant, en ce qui me concerne, je n'ai jamais vu de pointer entièrement blanc, et cette couleur, si elle existe comme on l'a dit, doit être considérée comme un simple accident. La robe du pointer est toujours marquée de taches brunes (*liver*), noires (*black*), ou orange (*lemon*), et j'ai admiré de magnifiques produits de ces trois couleurs, parfaitement beaux de forme et incontestablement purs de sang.

La couleur de la robe n'est donc pas un diagnostic qui puisse servir de guide à l'amateur; ce sont les formes particulières qui permettent de déterminer la race.

Ceci est d'autant plus vrai qu'il y a des pointers marron, des pointers noirs et des pointers fauves. M. Paul Caillard, dont les chenils sont incontestablement au nombre des plus riches et des plus justement renommés, avait exposé, en 1862, un couple de pointers marron truités de blanc, dont assurément la généalogie était aussi assurée que celle de la plus noble famille. Si, à cette époque, le système qui consiste à classer les chiens par couleur et par taille avait été adopté, *Don*, dont je donne ici le portrait, eût été classé avec

Fig. 6. — *DON*, POINTER ANGLAIS, appartenant à M. Paul Caillard.

n'importe quelle bête, française ou bâtarde, de même taille et de même couleur.

Dans ce cas, j'aurais désiré, pour l'édification des amateurs, que le jury voulût bien recourir à une petite expérience sur le terrain : c'est là que chaque chose fût revenue à sa place.

C'est qu'en effet, ce n'est pas une chose aisée que de déterminer la race d'un chien, quand il n'est pas absolument pur. Il tient plus de l'anglais ou plus du français; sa construction rappelle plus ou moins, en certaines parties, les types des grandes races, mais il n'a pas de caractères qui lui soient propres; il est, du reste, comme sont le plus grand nombre des animaux qui ne peuvent prouver leur origine.

Nos expositions n'auront donc véritablement l'effet qu'on en espère que le jour où les chiens de pure race, bien et dûment alignés depuis plusieurs générations, seront avant tout désignés à l'attention des amateurs : ce sont ceux-là qu'il faut mettre en pleine lumière, élever sur le pavois, classant à côté d'eux, par ordre de mérite, ceux qui se rapprochent le plus de ces types purs.

Ce n'est qu'à ce prix qu'on parviendra à doter la France de races pouvant rivaliser avec celles de nos voisins. N'y eût-il, à notre prochaine exposition, qu'un seul pointer anglais, qu'un seul épagneul français, il faudrait prendre ces deux chiens, leur dresser un piédestal, les laisser là, exposés aux regards, à l'admiration de tous, et dire aux amateurs : « Voilà de vrais chiens. »

Et puis le jour où l'on pourrait installer un champ d'expériences où chacun des animaux exposés serait appelé à exercer ses facultés natives, à montrer son savoir-faire, il n'y aurait plus rien à souhaiter : les amateurs jugeraient eux-mêmes, par comparaison, des qualités de quête, de nez, etc., que possèdent les diverses races, et c'est là qu'on verrait réellement l'immense supériorité du sang pur.

Mais, comme nous n'en sommes pas là; comme il se passera du temps avant qu'on adopte cette idée si simple, si pratique, à la réalisation de laquelle suffiraient quelques vingtaines de couples de perdreaux et un champ d'expériences qu'il serait si aisé de trouver aux portes de Paris; comme nous verrons encore des expositions où des chiens croisés de toutes sortes de races seront présentés à l'admiration des amateurs, tâchons donc, pour notre part, de bien préciser les caractères extérieurs des chiens que nous nous sommes chargé de décrire, et, puisque nous en sommes au pointer, présentons-le sans plus tarder à nos lecteurs.

Ce qui frappe d'abord dans le pointer, c'est un ensemble harmonieux, c'est l'énergie, la fierté de l'attitude et du regard, l'élégance des formes, la saillie des muscles. En contemplant un beau pointer, on se sent devant un véritable chien, comme en présence d'un homme supérieur on se dit : « Voici quelqu'un. »

Le pointer a la tête de grosseur moyenne, bien cassée à la naissance du front; ce front se relève fièrement, et son développement annonce l'intelligence; l'œil est habituellement de cette couleur moutarde au milieu de laquelle la prunelle se détache, nettement éclairée par un point de lumière plein de feu. L'oreille courte, fine et souple, est plantée un peu haut, mais elle accompagne bien la tête et contribue à donner à l'ensemble de la physionomie ce caractère d'énergique fierté tout particulier à cette excellente race. La mâchoire inférieure est forte, et son extrémité antérieure, quelquefois un peu avancée, n'est couverte par les babines que dans les sujets d'un certain âge. Quelques amateurs anglais aiment les pointers à longues babines. Sans doute ces chiens ont beaucoup de physionomie; mais, pour ma part, je préfère de beaucoup ces chiens dont les babines fines, bien collée sur les os en laissent apparaître toutes les saillies.

Le cou est un peu long, toujours musculeux, et sans fanons.

Le rein est large et court, légèrement levretté. La poitrine est plutôt profonde que large et se continue par des côtes faisant saillie sur un flanc plein.

L'épaule est longue et oblique; l'humérus, très allongé, fait toujours descendre le coude au-dessous du corsage et contribue de la sorte à accroître l'énergie des actions. C'est là un caractère très typique et très accentué dans les belles races légères.

Les jambes sont à la fois fortes et sèches, garnies de muscles puissants et de tendons très détachés faisant saillie sous la peau fine. Le jarret est long, comme l'épaule, très large en même temps, ce qui donne à l'arrière-main beaucoup de ressort et de souplesse.

Le pied est rond chez les sujets très forts; un peu allongé chez ceux qui ont plus d'élégance. J'ai vu quelques pointers dont on aurait pu dire qu'ils étaient *chaussés* de façon à faire envie à une louve. Il y a là un peu d'exagération, mais cette comparaison fera bien comprendre ma pensée à un chasseur.

Le fouet, ah! le fouet!... voilà la grosse affaire.

Chez tous les chiens le fouet est une des parties essentielles du sujet, c'est un des signes qui indiquent le mieux le degré de noblesse ou de bâtardise d'un animal.

Presque jamais un chien qui a un vilain fouet n'est pur : un chien qui porte mal son fouet n'est le plus souvent qu'un polisson des rues. Un beau chien d'arrêt de bonne race doit toujours porter le fouet droit, ou tout au plus légèrement relevé en suivant une courbe harmonieuse, sans crochet ni tire-bouchon au bout. Quant au chien d'arrêt dont le fouet est garni de longs poils et qui porte ce fouet en trompette, pardon du mot, mais ce chien est tout simplement un *goujat!*

L'attache du fouet est aussi un point important. Il est assez difficile de dire l'endroit précis où doit être attaché le fouet d'un chien : cela dépend de la forme du rein; un peu trop haut, un peu trop bas, cela peut être choquant; mieux vaut haut que bas, cependant. Mais, pour se juger aisément à l'œil, cela n'en est pas moins difficile à expliquer sur le papier : un fouet trop bas accompagne généralement une attache défectueuse du fémur, ce qui nuit à l'harmonie des mouvements, par conséquent à la vigueur et au fonds.

Plus le fouet est gros à la naissance (sans exagération bien entendu), plus il indique la vigueur; plus il est fin et court, plus il annonce une race noble et distinguée.

Au repos, le pointer porte très souvent son fouet comme un cheval anglaisé porte sa queue; j'ai cherché à bien préciser ce caractère dans le dessin qui accompagne cette étude; quand il marche, quand il quête, le pointer tient le fouet droit. Une observation que j'ai faite de longue date, c'est que tous ou presque tous les pointers, quand ils quêtent au galop, ne remuent jamais la queue, comme les chiens français, qui *fouettent* constamment à droite et à gauche : le pointer anglais ne *fouette pas*, ou, s'il fouette, c'est tout au plus quand il rencontre. Encore est-il juste d'observer que le pointer anglais, chassant le nez haut et tombant tout à coup en arrêt dès que le sentiment du gibier lui arrive, a rarement l'occasion de suivre une piste, et par conséquent se trouve forcé, malgré lui, de priver son maître du spectacle de ces oscillations répétées de la queue dont les chiens qui chassent le nez bas, qui pistent le nez en terre, ont coutume de régaler les regards de leur maître.

Voici donc, je crois, bien établis les caractères généraux qui distinguent l'extérieur du pointer.

Maintenant, hâtons-nous de dire que les Anglais, auxquels il faut reconnaître un génie tout particulier pour fabriquer des bêtes à leur convenance, ont créé plusieurs races de pointers, dont les formes varient comme la destination. Nous passerons en revue les principales.

Nous donnons le portrait d'un pointer blanc et marron, d'un modèle remarquable, quoique peut-être un peu près de terre. Mais ce chien se distingue, en tous cas, par des caractères très typiques, sur lesquels nous demandons la permission d'appeler l'attention de nos lecteurs (voir fig. 3).

L'oreille et la tête sont assez caractéristiques; mais c'est la longueur de l'épaule, de la cuisse et des jarrets, très longs, en effet, par rapport aux canons, c'est l'attache et le port du fouet, qui sont surtout remarquables et typiques. Malgré tout le soin apporté à son travail par mon habile graveur, M. Huyot, les muscles n'ont peut-être pas toute la saillie, les pattes toute la sécheresse que présentait le sujet que nous avons dessiné. Il y a à rendre ces nuances délicates une telle difficulté, que nous demandons à nos lecteurs de nous en tenir compte et de consulter le texte simultanément avec le dessin.

A ce portrait nous joignons ceux de « Goth, » étalon du chenil de la *Chasse illustrée*, grand pointer de la race de M. Pilkington (voir fig. 2), et celui

Fig. 5. — *JUNO, LICE POINTER*, du chenil de la *Chasse illustrée*.

de « Juno, » également à la *Chasse illustrée*. « Juno » est une chienne de tout premier sang, de la race des pointers légers de lord Derby et de lord Sefton (voir fig. 5).

A côté de ces pointers d'espèce diverse nos lecteurs trouveront encore le portrait de « Don, » ce pointer marron truité, à M. Caillard, dont nous parlons plus haut, et celle d'une chienne pointer fauve ayant appartenu à mon père, une des plus remarquables bêtes dont j'aie gardé le souvenir. Regardez un peu cette tête et cette construction, ami lecteur, et voyez ce que cela promet (voir fig. 4).

Quelques pointers ont une quête si ardente, si rapide, que des amateurs sérieux ont vu là quelques inconvénients, et qu'on a cherché à donner un peu de calme à cette ardeur dévorante; on a donc créé, à côté des pointers légers, dont nous avons indiqué à grands traits les qualités, d'autres races moins fougueuses, plus sages.

Je ne sais trop, pour ma part, si c'est un bien, si c'est un mal. J'ai dit que *pour la plaine* je préférais à tous les chiens ceux dont la quête est le plus large, parce que, s'il est le plus souvent possible d'enlever de l'ardeur à un chien qui en a trop, il est une vérité encore plus évidente, c'est qu'à un chien qui n'a pas cette ardeur native, on ne pourra jamais la donner.

Je pourrais poser cette vérité en axiome, mais il m'est très agréable de déclarer que cette opinion est basée sur une foule d'expériences qui me sont personnelles. La pratique, l'âge, le milieu où il s'exerce, peuvent calmer un chien trop emporté; transportez dans des plaines excessivement giboyeuses un de ces brigands qui font tout partir hors de portée quand ils opèrent sur un théâtre où le gibier est excessivement rare, et s'il est de bonne race, comme je le suppose, si l'arrêt est dans ses instincts naturels vous le verrez se calmer bien promptement. J'ai fait cette expérience.

Il faut pourtant avoir le sens commun et ne pas demander à un chien d'avoir plus de raison que nous-mêmes.

Voilà un chien de noble sang, que ses qualités appellent peut-être à de hautes destinées; depuis deux heures, il travaille avec ardeur sans rien trouver. Tout à coup le sentiment d'une compagnie de perdrix lui arrive; ces perdrix coulent devant lui dans un sillon. Il est jeune, incomplètement dressé, l'occasion est si rare et l'herbe est si tendre! il désire tant vous apporter un de ces gredins de perdreaux que vous aimez autant que lui ! Ma foi ! le voilà parti... il s'emballe, et adieu les perdrix !

Le remède, vous l'avez d'abord dans le collier de force allongé d'un cordeau de longueur respectable et au besoin agrémenté d'une grippe à l'extrémité, si la chose est nécessaire; vous savez cela comme moi (1). Je me borne donc à dire, que ce même chien, si vous lui faites voir dix ou douze perdreaux par heure, finira par se calmer, et, si vous avez assez de gibier, il se calmera si bien qu'il finira par se blaser tout à fait. J'ai eu un chien comme cela.

J'aime, du reste, un jeune chien un peu ardent, un peu brigand, comme on dit; j'aime à suivre les progrès de son éducation, à corriger ses défauts, à ouvrir peu à peu son intelligence aux choses du grand art qu'il est appelé à pratiquer, mais je veux qu'il conserve cette inappréciable ardeur sans laquelle du mieux dressé des chiens, je ne donnerais pas un fétu.

Connaissez-vous quelque chose de plus déplaisant qu'une bête qui, au bout de quelques heures de chasse, vous précède d'une dizaine de pas en trottinant, qui s'anime pour une minute quand vous l'excitez d'un « Allez, mon beau! Cherche! mon bonhomme, cherche! » et dont l'ardeur s'éteint en même temps que votre voix? Pauvre bête! elle voudrait bien, mais elle ne peut pas! Et le lendemain de l'ouverture, dès que le soleil chauffe un peu, le voilà derrière vos talons, tirant la langue et, pour peu que vous insistiez, vous le verrez chercher les chemins, parce qu'il est désolé et qu'il pleure après le chenil !

Avec un chien de race, et surtout avec un pointer, jamais cette misère ne vous atteindra. J'ai chassé pendant vingt-cinq et trente jours, tous les jours, avec les mêmes pointers; plus ils allaient, plus ils semblaient vigoureux; jamais plus fatigués qu'une locomotive : une bonne soupe en rentrant, une bonne nuit de sommeil, et le lendemain je les trouvais aussi dispos que le premier jour.

(1) Voir *le Dressage du chien d'arrêt*, par Ernest Bellecroix, Firmin-Didot, éditeur.

On peut presque dire qu'ils étaient comme le loup, qui doit en partie son infatigable vigueur aux courses continuelles auxquelles l'oblige la nécessité de chercher sa vie. Sans doute il y avait de cela, ils étaient entraînés; mais il y avait aussi la *race* !

Puisque je parle des chiens qui ont été si longtemps mes auxiliaires, qui ont passé des mains de mon père dans les miennes, aussi bien dois-je consacrer un chapitre à cette variété de pointers fauves que nous avons longtemps conservée, et qui constitue à mon sens une des plus précieuses de cette grande famille des pointers, si riche et si remarquable à des titres divers.

Le type que j'ai l'honneur de présenter à mes lecteurs est un portrait scrupuleusement exact.

Cette chienne, représente, selon moi, le maximum des qualités extérieures qu'il faut rechercher dans le pointer *léger*. Encore une fois, je la recommande à l'attention des amateurs qui veulent bien suivre cette étude.

Ce n'est plus là seulement le pointer à la fois vigoureux et bien découplé que nous avons décrit, c'est le pointer léger par excellence, c'est celui qui se rapproche le plus du type introduit en France dans les premières années de ce siècle, qui a causé tant d'étonnements et qui a tant fait parler de lui.

La tête est fine et sèche, les moindres muscles et leurs attaches, la plus délicate saillie des os s'accentue plus vigoureusement que dans aucun autre type; les oreilles sont courtes et attachées haut; très légères, en même temps, très souples et recouvertes d'un poil d'une extrême finesse. Tout le poil, du reste, est court et ras, presque autant sur le rein que les flancs; le ventre est nu dans la partie qui touche aux cuisses, dont la face intérieure voisine est également nue.

L'œil est de grandeur moyenne, plein de feu, je dirais presque un peu féroce.

Le nez se relève franchement; les arêtes en sont très nettes et *non arrondies* : c'est là un signe particulier à la plupart des chiens qui quêtent naturellement le nez haut. Les narines sont largement ouvertes, très mobiles, les moindres impressions de l'odorat s'y manifestent par de petits mouvements saccadés; on dirait une sorte de vibration; c'est là un nez bien vivant. Nous parlerons tout à l'heure de ses qualités.

Le cou est élégant et fort à la fois; il affecte toujours cette forme particulière aux pointers, qu'il est fort malaisé de décrire, mais qu'un connaisseur aperçoit au premier coup d'œil.

L'épaule est longue et le coude descend très bas, quoique la poitrine soit profonde; les muscles, qui recouvrent l'omoplate et l'avant-bras sont forts, très détachés, très pleins, sans jamais être lourds; ils sont durs sous la main comme le biceps d'un hercule forain.

Le rein court, levretté, très souple, se raccourcit pendant l'action et se débande comme un ressort.

Les côtes sont saillantes; et cette saillie s'accentue davantage encore dans les fausses côtes.

Les jambes sont particulièrement remarquables; les os et les muscles en sont également puissants; on voit ici qu'on a affaire à un gaillard qui n'est point fait pour quêter sous le canon, mais auquel il faut de l'espace, auquel les grandes actions, la large quête sont aussi nécessaires que l'air et la lumière.

Les canons sont courts et forts. Quand l'animal se présente de face, la patte s'élargit franchement à partir du genou; ceci est vrai aussi bien dans l'avant-main que dans l'arrière-main.

Il serait difficile et malheureux qu'il en fût autrement. En effet, bien que la patte soit allongée et fine, il est certain que pour un animal ne connaissant que deux allures, le pas et le galop, quêtant sans cesse à fond de train, les points de résistance doivent être de force à supporter une grande fatigue, et si la patte semble quelquefois étroite, si le plus grand nombre de ces chiens semblent et sont en effet très finement chaussés, cela tient précisément à l'élargissement des os de la patte à partir du canon.

Le jarret, très long et très large, contribue à donner à la projection en avant cette puissance à laquelle doit précisément répondre la vigueur des membres de l'avant-main, sous peine d'un manque d'équilibre dont le

Fig. 6. — *MISS*, POINTER FAUVE, appartenant à M. Bellecroix.

résultat est de fatiguer promptement l'animal et de lui rendre impossible un travail à la fois énergique et soutenu.

Le fouet est court et fin. Je parlais il n'y a qu'un instant des chiens qui *fouettent* en quêtant; je n'ai jamais vu fouetter ces chiens-là.

La robe est de couleur fauve, moins rouge pourtant que celle du setter irlandais (*red irish setter*, le setter rouge), sans un poil blanc dans les produits de chiens soumis à une série de sélections sévères. C'est le suprême de la distinction (voir fig. 6).

J'ai donc décrit deux variétés très remarquables de pointers légers : les pointers légers, blanc et marron ou blanc et orange, qui sont cousins germains, et les pointers fauves; c'est dans les derniers et aussi dans les pointers noirs ou blanc et foie que j'ai trouvé les sujets méritant le mieux cette désignation de pointers légers; cette description d'ailleurs peut s'appliquer à la plupart des pointers légers, dont une des lices du chenil de la *Chasse illustrée*, « Juno, » est un des types les plus parfaits que je connaisse à l'heure actuelle.

Ces pointers fauves constituaient une variété parfaitement fixée depuis de longues années, se reproduisant constamment avec un ensemble de qualités physiques et morales invariables. J'ai le regret de ne plus posséder de produits de cette excellente race si longtemps conservée par mon père et par moi, et il paraît qu'elle est devenue fort rare. J'ai parlé au commencement de cette étude d'une chienne appartenant à M. des M..., un de nos fidèles abonnés de la *Chasse illustrée;* elle était de la même famille. J'ai dit comment il avait été obligé de s'en défaire; à sa place, plutôt que de m'y résigner, j'aurais quitté toutes les sociétés de chasse du monde. M. des M... l'avait tirée d'Angleterre : les pointers de mon père provenaient, m'a-t-on affirmé, d'une race créée ou au moins fixée par un célèbre amateur anglais, M. Chaplin, de qui les tenait un de nos amis, l'illustre graveur Godard, et aussi David d'Angers. M. Paul Caillard, dont le père possédait aussi des pointers de cette espèce, leur donne la même origine.

Voyons maintenant comment ces chiens se comportent sur le terrain.

Leur quête est celle de tous les pointers légers, c'est-à-dire qu'ils quêtent au galop, qu'ils battent à eux seuls autant de terrain que dix chiens français : j'ai souvent entendu dire qu'ils battaient moins sûrement, mais j'ai aussi répondu que je n'étais pas du tout de cet avis ; il est donc inutile de rentrer dans la discussion; à cet égard ma conviction est absolue. Il n'y a que ceux qui n'ont point pratiqué ces chiens qui peuvent avancer une telle opinion.

Ce sont encore là de ces chiens desquels on peut dire qu'ils tombent pétrifiés dès que leur parvient le sentiment du gibier. Il m'est arrivé dix fois de voir un des chiens de mon père, croisant dans sa quête la voie d'un lièvre qui venait de se dérober, tomber en arrêt comme sur une compagnie de perdreaux : ce n'est qu'au bout d'un instant qu'il reconnaissait ce dont il s'agissait ; mais la première impression était celle que je vous dis : le sentiment du gibier frappait son odorat, il s'arrêtait subitement, comme paralysé.

Que ne puis-je rappeler ici tous les services que nous ont rendus ces pauvres pointers, si vilipendés, vous les conter par le menu et les opposer aux anathèmes dont les accablent ceux qui ne les connaissent point !

S'agit-il de lever une caille, par exemple? Eh bien, voyons.

Nous allons entrer ensemble dans une luzerne où il y a peut-être une ou deux cailles. Nous avons un chien français à quête courte et un pointer.

Or, je prétends que, neuf fois sur dix, le pointer nous fera tirer ces deux cailles avant que le chien français en ait eu connaissance.

Vous en doutez? Voyons donc.

Tout d'abord, et à moins que le hasard ne mette précisément le nez de notre chien français sur l'une de ces cailles, il est certain que les allures du pointer les lui feront trouver plus vite (j'admets toujours, bien entendu, que nos deux chiens sont l'un et l'autre dressés à une belle quête en travers). En effet, celui dont la quête sera la plus large, la plus vive, aura toujours l'avantage de battre en avant de son collaborateur et, par conséquent, d'avoir avant lui connaissance du gibier. Je ne reviens plus sur la question de finesse de nez que je considère comme jugée : c'est un axiome que le pointer possède un nez exceptionnel.

Le gibier trouvé, comment va se comporter le chien français? comment va se comporter le pointer?

Si la caille coule devant lui, le chien français va la suivre, savamment je le veux bien, dans ses tours, détours, etc., la pistant *dans la voie même* : c'est la voie qui le guide, c'est elle qu'il suit, c'est elle qu'il débrouillera, quand elle se croise, quand elle revient sur elle-même ; c'est elle qui va le conduire jusqu'à la pièce qui, de guerre lasse, s'est blottie sous quelque touffe. A ce moment il tiendra l'arrêt et votre rôle commencera.

Pour le pointer, les choses se passeront tout autrement. Dès qu'en quêtant le nez haut, le sentiment du gibier viendra frapper son odorat, il tombera en arrêt, les yeux flamboyants, le nez ouvert ; puis, si vous attendez un instant, vous le verrez promener la tête de droite à gauche, et rester immobile encore une fois, aussitôt qu'il aura reconnu l'endroit précis où est la pièce elle-même. Dès que vous lui en donnerez le signal, il marchera sans hésiter, allant en droite ligne *là où elle est* et non là où elle a passé, et il exécutera cette manœuvre avec ces allures brusques, saccadées, et cependant prudentes que j'ai décrites ; si la caille ne part pas encore, sur un nouveau signe, il marchera de nouveau directement sur elle, ne lui laissant pas le temps de ruser, tant et si bien qu'il mettra peut-être une minute à la lever quand il en faudra cinq ou six à un chien français.

Maintenant, supposez qu'il y ait plusieurs cailles dans une grande remise, supposez que nous opérions sur un terrain banal, où chacun travaille pour son compte, que dans cette luzerne s'escriment en même temps deux chiens français et un pointer, et convenons ensemble que le pointer, par ce seul fait qu'il quête le nez haut, qu'il quête rapidement, et qu'il ne suit pas la piste, aura trouvé et fait tirer à son maître trois ou quatre de ces cailles avant que les chiens français aient eu le temps de débrouiller le dédale de celle qu'ils ont entreprise.

Parbleu ! si une caille tient l'arrêt dès l'abord, il est certain que c'est le premier chien qui la trouvera qui la fera tirer ; mais, pour peu qu'elle piète, je dis qu'on en aura plus vite raison avec un pointer quêtant le nez haut qu'avec un chien obligé par sa nature et quelquefois habitué par son éducation à suivre le gibier à la piste.

Sans doute, je reconnais qu'il est agréable de suivre le travail d'un bon chien français sur la piste d'un gibier qui coule ; je suis tout disposé à admirer avec vous sa patience et son habileté à débrouiller les ruses de l'oiseau coureur; mais j'admire également l'attitude magistrale de mon collaborateur, la sûreté de ce nez merveilleux qui lui fait dédaigner la piste et qui lui dit que la pièce est là bas et non ici; j'aime à le voir, sur un simple signe, s'élancer vivement, quoique avec mesure, puis reprendre encore son arrêt de pierre, et finalement me faire lever l'oiseau sur lequel, depuis qu'il en a eu connaissance, il m'a toujours conduit tout droit.

J'ai eu autant d'émotions que vous, je crois même qu'elles ont été plus vives parce qu'elles ont été plus promptes. D'ailleurs, je passe volontiers condamnation sur ce point, c'est une affaire de goût. Ce que je tenais à établir, c'est la question de fait.

Un jour de décembre, nous entrions, un de mes oncles et moi, dans cette immense prairie que coupe aujourd'hui le chemin de fer avant d'entrer à Caen. Il s'agissait de tirer quelques bécassines avant le déjeuner.

Un chasseur nous avait précédés.

Le chien de mon oncle, un pointer de la bonne souche, et bien dressé, qui connaissait depuis huit ans la bécassine pour l'avoir chassée presque chaque jour, était parti, faisant sa besogne ordinaire à deux ou trois cents mètres en avant de nous. Nous eûmes bientôt rejoint et dépassé notre matinal confrère.

— Vous ne ferez pas grand'chose, Messieurs, avec ce brigand, nous dit-il en désignant Médor.

Sur ce point mon oncle n'entendait pas la plaisanterie.

— Vous croyez, Monsieur? répondit-il piqué au vif. Eh bien, moi, je crois que nous aurons tiré tout ce qu'il y a dans *la prairie* avant que vous ayez fait voler la plume d'une bécassine.

Nous continuâmes notre route. Médor connaissait, comme nous, la moindre flaque d'eau où pouvait se trouver une bécassine. Nous en tirâmes successivement une demi-douzaine sous son arrêt. Arrivés à Louvigny, bourgade située à l'extrémité de cette belle prairie qui n'a guère moins d'une lieue de longueur, nous rebroussâmes chemin pour rentrer.

Est-il besoin de vous dire que mon digne oncle n'avait pas perdu de vue son ennemi, prêtant l'oreille au moindre bruit? Le pauvre homme n'avait pas brûlé une amorce. Nous le savions bien.

— Eh bien, Monsieur, lui dit-il en passant, cela va-t-il, la bécassine? Il y en avait six, elles n'y sont plus. Bonne chance, et tâchez de raccourcir votre chien, il gagnera beaucoup.

Les jambes de ce pauvre pointer ont bien encore d'autres mérites dont se soucient peu ceux qui chassent dans des poulaillers, comme dit un vieux puritain de ma connaissance, mais qu'apprécie fort, je vous en réponds, le chasseur rustique qui n'a pas souvent l'occasion de rouler un lièvre.

Or, tous les lièvres qu'on tire ne restent pas sur place, et je suis de ceux qui donnent volontiers un croc en jambe à l'art pur et qui n'en veulent pas à leur chien de pousser un peu plus que de raison un lièvre *qu'ils ont tiré.*

Ne vous récriez pas, de grâce.

Je sais tout ce qu'on peut dire, et je vous réponds, moi, que si votre chien vous rapporte ce lièvre, vous serez le premier à crier bravo. C'est seulement s'il revient à vous la gueule vide que vous lui flanquerez une raclée pour le ramener aux principes.

Sans doute un chien qui court le lièvre est nuisible dans une chasse où le gibier abonde. Je le sais bien. Un de mes amis, dont la chasse foisonne de faisans, de lièvres et de perdreaux, prétend même qu'un chien est plus nuisible qu'utile en certains cantons de sa propriété. Je ne suis pas tout à fait de son avis, parce que, à mon sens, si un mauvais chien est nuisible partout, un bon chien n'est nuisible nulle part et peut être agréable partout; mais assurément ce n'est pas à un chasseur aussi favorisé que je recommanderais les jambes du pointer au point de vue des services particuliers qu'elles peuvent rendre sur un lièvre blessé.

Non, j'ai dit et je répète que le pointer est le chien du chasseur rustique, du véritable chasseur, de celui qui est obligé de payer cher ses joies et ses triomphes, qui est obligé de mesurer la puissance des moyens d'attaque aux difficultés de la victoire à conquérir.

Que de fois, hélas! au bon temps où je tuais peu de gibier, ai-je été transporté au troisième ciel en voyant revenir, un lièvre à la gueule, ce brave et cher Mac qui était *parti après* depuis vingt minutes ou une demi-heure ! Quel chemin avait-il bien pu faire? Où était-il allé ? Quelle joie que celle-là ! le seul lièvre que je pouvais espérer voir de toute la journée, le seul que j'eusse vu depuis trois ou quatre jours ! Et un lièvre que je croyais avoir manqué !

Il fallait de l'énergie et du jarret pour l'avoir, et je l'avais ! Grâce à qui ? Grâce à mon pointer !

Un lièvre légèrement touché, qui ira mourir misérablement s'il n'est pas poussé par un chien rapide, usera ses forces et succombera rapidement devant un chien très raide de pied.

C'est en somme une des qualités qu'estiment les Anglais chez leur retriever et les journaux de sport anglais sont pleins d'annonces comme celle-ci :

« A vendre, un retriever allant prendre un lièvre à deux et trois milles. »

Or nous qui chassons avec un seul chien, avec un chien qui doit faire tout, arrêter et rapporter, pourquoi nous plaindrions-nous de voir faire à notre chien d'arrêt ce que font les retrievers ?

Pour moi, cette rapidité et cette énergie sont donc des qualités à mettre à l'actif de mes préférés ; mais tout le monde ne partage pas mon opinion, à telle enseigne qu'on a créé d'autres pointers dans le but d'obtenir des animaux possédant à la fois une quête plus courte, en même temps que cette grande finesse de nez particulière aux chiens de race anglaise. Nous nous en occuperons prochainement.

Ce que j'ai dit plus haut explique suffisamment, j'imagine, qu'à mon avis le pointer, comme tous les chiens d'arrêt, peut et doit rapporter le gibier que tue son maître.

Non pas, entendez-le bien, que je condamne absolument le mode de chasse qui consiste à adjoindre au chien d'arrêt un collaborateur ayant pour unique mission de rapporter le gibier, et que je ne blâme les Anglais d'avoir créé un chien qui n'a d'autre rôle que celui-là, le retriever, dont l'action commence quand finit celle du chien d'arrêt : celui-ci quête, trouve et fait tirer le gibier; le *retriever* est chargé de le rapporter.

Sans nul doute ce système donne de bons résultats.

Logiquement, plus on limite les qualités qu'on réclame d'un chien, plus on spécialise sa destination ; en un mot, moins on exige de lui, plus il semble permis de pousser son éducation a un degré de perfection remarquable.

Voilà ce que dit la logique.

Je ne suis pas tout à fait de l'avis de la logique.

A mes yeux le rapport est le complément de l'éducation d'un chien, et je ne me fais pas de scrupule d'ajouter qu'à mon gré le rapport est la plus douce récompense que vous puissiez accorder à votre bon camarade. Cependant il ne m'en coûte rien de reconnaître que j'ai chassé avec des pointers qui ne rapportaient pas et dont les qualités de quête et d'arrêt étaient irréprochables.

Mais l'éducation seule, je crois, finit par avoir raison de ce mouvement naturel qui porte le chien vers la pièce dont le sentiment est venu tout à coup frapper son odorat, et qu'il voit tomber à quelques pas de lui sous le plomb de son maître. Je crois que tous les chasseurs ont constaté, comme moi, ce premier mouvement qui emporte le jeune chien : la pièce par terre, l'animal se précipite, et... voyez, je vous prie, avec quelle jouissance il s'enivre de sa possession ; certains chiens s'en enivrent si bien qu'ils la mettent en chiquettes : on nomme cela la « dent dure » ; c'est un vilain défaut. Mais tous ou presque tous les chiens, par un instinct naturel, s'élancent sur le gibier que vient de jeter bas le plomb de leur maître.

C'est donc aller contre la nature, contre l'instinct du chien d'arrêt, que d'exiger qu'il résiste à ce penchant, et j'ajoute que c'est le priver de la récompense sur laquelle il était en droit de compter.

Autant à cause de cette conviction, que désireux de posséder un collaborateur suffisant seul à mes *desiderata*, qui sont nombreux, j'en conviens, j'ai toujours exigé que mes chiens rapportent. Je crois que le plus grand nombre des chasseurs français sont dans le même cas.

Mais cette éducation spéciale, que donnent à leurs chiens les chasseurs d'outre-Manche, n'a pas peu contribué à répandre chez nous ce préjugé : le pointer ne rapporte pas.

Je dis tout de suite que *tous* les chiens rapportent ou du moins peuvent rapporter. Il y a dans toutes les races de chiens des animaux qui rapportent instinctivement, mais tous les chiens, et surtout tous les chiens d'arrêt, non seulement peuvent rapporter, mais ne demandent pas mieux que de rapporter. Certains sujets rapporteront très bien quand on leur en aura donné l'habitude dès leur enfance ; le collier de force, que pour ma part je ne préconise pas plus qu'il ne convient, aura toujours raison des réfractaires, quand il sera employé par des mains intelligentes et expérimentées; je parle des chiens d'arrêt, bien entendu. Vous avez vu, comme moi, des chiens courants qui rapportent, mais j'imagine que vous n'exigez pas des vôtres ce supplément d'éducation.

Quoi qu'il en soit, j'aurais eu trop de chance si ce que j'ai dit à ce sujet en parlant du pointer, avait passé sans protestation. J'indiquais bien que les saines doctrines n'admettaient pas qu'un chien d'arrêt poursuivît un lièvre blessé. On m'a fait observer que ce chien, qui poussait un lièvre et le rapportait à son maître, avait cette fausse odeur de « chien à civet » qu'affectionnent les chasseurs qui opèrent en vue de la casserole. En vérité, j'aurais mieux aimé une autre objection, et j'espère que mes lecteurs me feront la grâce de me juger moins cruellement.

Je me promenais avant l'ouverture chez un de mes amis : on marche sur le gibier. Je conduisais une jeune chienne de dix mois, qui donnait de bonnes espérances. En poussant un levraut parti sous son nez, elle en fait lever deux autres en quelques centaines de mètres. Cette petite bête avait tort, certainement, et j'ai cherché à le lui faire comprendre ; mais si, au lieu de me promener la canne à la main, j'avais salué au départ ledit levraut d'un coup de fusil, que je l'eusse blessé, qu'elle me l'eût pris et rapporté, j'avoue que j'aurais gaiement fait mon deuil des deux autres, d'autant plus que, dans les deux heures qui ont suivi, j'aurais eu l'occasion d'en tirer une douzaine. Maintenant, supposons que j'eusse opéré sur un pauvre terrain où ce premier levraut eût été le seul que je dusse lever dans toute la journée, j'avoue que j'en aurais beaucoup voulu à Pirouette de rester en place, attachée au rivage par sa grandeur et les exigences de l'art classique et pur.

Après cela, il ne m'en coûte pas d'avouer, non seulement que je permets à mon chien de partir sur un lièvre *que j'ai tiré*, mais encore de déclarer que je veux qu'il agisse ainsi dès que je lui en ai donné l'ordre.

Fig. 7. — *BEN*, POINTER NOIR ET FEU (chenil de la *Chasse illustrée*).

Chez l'ami dont je parle nous tuons beaucoup de faisans : tous ne restent pas sur place, et les gardes ne ramassent que ceux qui n'ont pas bougé; ceux qui sont démontés s'en vont où ils peuvent. Le soir venu, après le branché, mon dit ami, qui opère à sa porte, prend un retriever, — lequel retriever, entre parenthèse, est une chienne braque de demi-sang anglais, — et se met à la recherche des oiseaux qu'il a abandonnés dans la journée : *Ida* les retrouve assez souvent.

C'est là un procédé que je signale, sans le recommander.

Donc, je le répète, les pointers rapportent aussi bien qu'aucun autre chien ; ils rapportent en plaine, au bois, à l'eau ; j'en possède un qui, sous les yeux d'un de mes collaborateurs, a mis trois quarts d'heure pour avoir raison de trois halbrans démontés d'un seul coup de fusil ; ce même chien me rapporte chaque jour de chasse des coqs qui, comme chacun sait, se servent de leurs pattes, quand ils n'ont plus qu'une aile, avec une distinction que leur envierait parfois le râle de genêt ou la marouette. Quant au lièvre et au lapin, c'est l'A B C du métier. Vous voyez donc bien que le pointer rapporte.

Je demande grâce au lecteur pour cette digression et je reviens aux caractères extérieurs du pointer.

Je ne sais si je suis parvenu à bien établir la physionomie du pointer léger et sa manière de chasser. Je résume donc ce que j'ai écrit en constatant de nouveau que la couleur ne prouve rien, puisqu'il existe des pointers noirs, blanc et noir, marron, blanc et foie avec ou sans tiquetures, fauve ou orange, blanc et orange, etc. Nous avons mis sous les yeux de nos lecteurs le portrait d'un chien justement célèbre, appartenant à M. Paul Caillard, et qui est un des pointers les plus remarquables qu'il nous ait été donné d'admirer (voir fig. 4). Ce chien, qui a été médaillé à l'Exposition de 1864, autant qu'il nous en souvient, est un véritable type au point de vue de la perfection des formes, et ce que nous savons de ses qualités morales répond absolument à ce que promet l'extérieur. Or, ce chien est de taille moyenne et sa robe marron est truitée de taches blanches. Quand j'aurai ajouté qu'il possède tous ses parchemins, qu'il est de la plus authentique pureté de sang, on voudra bien reconnaître avec moi que classer les chiens par couleur et par taille, sans se préoccuper de la race, est une plaisanterie contre laquelle on ne saurait trop protester.

Les pointers à grande quête, les pointers légers se présentaient donc, comme je l'ai déjà dit, avec un ensemble de qualités qui, aux yeux d'un certain nombre de chasseurs français, constituaient autant d'impardonnables défauts. J'ai montré le rôle fatalement secondaire auquel se trouvaient réduits les chiens à quête courte en présence de ces adversaires aux jarrets d'acier quand il s'agissait de chasser en ligne. Il n'en fallait pas tant, le chauvinisme aidant, pour les faire rejeter, car il faut bien voir les choses comme elles sont... et les chasseurs aussi. Plus que partout ailleurs, le chasseur français s'imagine posséder un collaborateur doué de toutes les perfections; notre chien est le meilleur des chiens. Quand nous nous trouvons sur le terrain avec un confrère dont la bête, à cause de ses actions et de son nez, relègue la nôtre au quatrième plan, quand la comparaison tourne à notre confusion, au lieu de reconnaître la supériorité qui nous choque, nous ne trouvons rien de mieux que de l'attaquer; la passion s'en mêle et nous aveugle : ce chien qui distance le nôtre est une rosse; un vrai chien est celui qui quête sous le canon, comme le nôtre dont nous pouvons suivre pas à pas le travail, avec lequel nous pouvons engager un petit bout de causette entre deux remises, que nous encourageons par ce joli petit sifflement trembloté qui correspond aux mouvements répétés de sa queue; mais ce brigand qui court à tous les diables, qui va pointer un arrêt à deux ou trois cents mètres, ce n'est pas un chien; nous n'en voudrions à aucun prix.

Passons donc, et, puisqu'une large quête est un défaut irrémédiable aux yeux de tant de chasseurs français, répétons qu'on a cherché à créer des chiens possédant en même temps un grand nez et une quête plus modérée que celle des pointers légers.

Les vieux braques français purs n'existant plus qu'à l'état d'échantillon, il fallait chercher ailleurs. Du reste, il ne s'agissait pas seulement de raccourcir les allures du pointer; il fallait en même temps chercher le mieux et augmenter la puissance de l'odorat du chien français.

Notre vieux braque, en effet, outre que sa quête ne pouvait soutenir les fatigues prolongées et les grandes chaleurs de l'ouverture, ne présentait pas l'ensemble de qualités qu'il s'agissait de réunir dans les chiens nouveaux à créer; son nez faisait comme sa quête et semblait perdre une partie de ses facultés pendant la chaleur.

C'est encore en Angleterre, par une série de sélections et, disent quelques-uns, par une suite de croisements du pointer léger avec le gros braque espagnol ou avec le braque français, et même, a-t-on prétendu, avec le braque allemand, qu'on est parvenu à créer un pointer de formes plus lourdes que le pointer léger, mais possédant toujours une grande supériorité d'odorat.

Est-ce bien là la véritable origine de ce pointer de création récente, dont l'apparition a si fort étonné les amateurs français aux premières expositions qui ont eu lieu sous le second Empire? Je ne prendrai pas sur moi de le décider.

Au point de vue de l'extérieur et au premier aspect, ces chiens rappellent en effet l'ancien braque français, et j'ai entendu de vieux amateurs s'écrier : « Le voilà; c'est notre vieux braque français! »

Il faut bien reconnaître qu'il se mêlait encore un peu de chauvinisme dans cet enthousiasme rétrospectif.

Il suffit, en effet, d'un examen attentif pour reconnaître combien ces chiens s'éloignent du type de ce vieux braque qu'ont connu nos pères. Si vraiment c'est lui, il a changé... si je dis à son avantage, je vais encore avoir le malheur de déplaire à ceux qui voient tout ce que nous avons d'un œil indulgent et d'un œil si sévère ce qui nous vient d'ailleurs, et pourtant il faut bien que je dise ma pensée.

Le nouveau pointer a les formes puissantes, la poitrine large, comme l'ancien chien français; mais, sans doute sous l'action de sélections heureuses, ses membres sont devenus plus nerveux sans rester lourds, ses jambes ont pris de la vigueur, les muscles et les tendons, de la sécheresse; la tête s'est améliorée, le nez s'est ouvert plus largement, les yeux ont emprunté à ses ascendants une partie de ce feu où brille la grande race; le fouet, toujours si remarquable dans les sujets de haute lignée, est devenu fort et fin et s'est dépouillé de ces poils trop longs dont était souvent déshonorée la grosse queue courte de notre vieux braque. Bref, comme je le disais, si au premier coup d'œil l'aspect semble le même, il suffit de détailler ces deux ensembles, qui paraissent d'abord identiques, pour reconnaître à quel point ils diffèrent (voir fig. 6 et 7).

Qu'il y ait du sang français dans ces nouveaux pointers, je ne le nie, ni ne l'affirme; du moins, il est certain que des soins assidus, des sélections intelligentes et heureuses ont successivement amélioré les formes et perfectionné les facultés morales.

Un journal aussi répandu que la *Chasse illustrée* ne pouvait publier cette étude importante, à laquelle ont bien voulu collaborer avec moi MM. de la Rue et le marquis de Cherville, sans qu'il se produisît immédiatement une correspondance à laquelle ont pris part beaucoup de nos abonnés.

J'ai reçu pour mon compte, à l'occasion des chiens anglais, des centaines de lettres. La plupart de mes correspondants m'approuvent et m'encouragent; les autres me disent que je suis trop Anglais, que je fais fi de nos richesses nationales, que les chiens français sont les premiers chiens du monde, la souche de tous les autres, qu'on nous les a volés; bref, ceux-ci m'accusent de n'être pas Français.

Ce n'est pas la première fois que je m'expose à ce reproche, et ma prédilection pour les chiens de race anglaise, prédilection qui m'est venue à la suite d'études prolongées sur les diverses races de chiens d'arrêt et, je le dis aussi, à la suite de comparaisons innombrables, m'a déjà valu tant de horions, que je suis devenu philosophe et que je suis résigné d'avance à tout entendre..... à la condition qu'il me soit permis de répondre.

Donc, je réponds à ceux qui répudient absolument les chiens anglais ou, ce qui est plus juste, à ceux qui voient partout des chiens français, je réponds à ceux qui me parlent de nos richesses nationales, que ces richesses, je leur saurais gré de m'indiquer où les prendre, si véritablement elles existent encore.

A mon avis, une discussion sur ce point est absolument inutile et vaine, comme une discussion politique. Je ne saurais convaincre ceux qui ne veulent pas être convaincus; mais je suis pourtant dans la stricte vérité en leur disant que nos vieilles races de chiens français n'existent plus qu'à l'état de

Fig. 8. — LE GRAND POINTER.

souvenirs, qu'un épagneul français pur, qu'un braque de la vieille race française pure, sont aujourd'hui à peu près introuvables; je suis dans la vérité en déclarant que les chiens qui ont conservé les signes extérieurs de ces races excellentes ne pourraient en aucun cas prouver leur origine, et que, par conséquent, on ne saurait tabler sur la pureté de leurs produits, et cela parce que la forme extérieure est trop souvent un *accident;* tandis, que les qualités morales des chiens de pure race se transmettent régulièrement à leur descendance. Tous les jours on voit dans une portée de bâtards de ces chiens dont on peut dire qu'ils sont *réussis*, ce sont seulement des chiens beaux de forme. Le hasard peut les faire naître quelquefois avec des facultés remarquables; mais, comme il leur manque *la race*, comme ces facultés ne sont pas fixées dans leurs ascendants, leurs produits pourront fort bien emprunter davantage au grand-père, qui ne valait rien, qu'au père qui est excellent, à la grand'mère qui était une bête médiocre, qu'à la mère dont les qualités sont exceptionnelles. En somme, il n'y a rien là de certain, rien qui offre une garantie.

Avec ce système, on ne marche pas en avant : on recule de plus en plus. Oui, la vérité est que, notre indifférence en matière de races ayant tout laissé se mêler, dégénérer, dégringoler, se perdre en un mot, les neuf dixièmes des chiens d'arrêt, en France, ne sont ni des chiens français ni des chiens anglais et sont tous les deux... quand ils ne sont pas d'affreux laridons.

Il me semble pourtant que ces considérations devraient ouvrir les yeux de mes honorables contradicteurs et leur démontrer qu'il n'y a point de parti pris dans mes déclarations : je leur répète que je n'ai entendu faire que de la pratique; je dis les choses telles qu'elles sont, je constate ce qui existe, je dis comment on chasse avec tel ou tel chien, laissant à chacun le soin de prendre parti selon ses préférences. Mais, moi chasseur, me trouvant en présence de races françaises si déplorablement appauvries, je dis à mes confrères : S'il ne nous reste rien, cherchons ailleurs. En tous cas, travaillons ensemble à régénérer ou à améliorer les races qui nous restent; et pour cela adressons-nous au sang pur, quel qu'il soit; il n'y a que là qu'il y ait quelque chose à faire. Or, le sang pur, où le trouverons-nous pour nos anciens chiens français?

Voyez le chenil du Jardin d'acclimatation : certes, ce n'est pas moi qui chercherai jamais querelle aux initiateurs intelligents et courageux auxquels on en doit la création ; mais y avez-vous vu jamais un épagneul français de pure race? Avez-vous pu y admirer un seul de nos vieux braques français, que tant de chasseurs regrettent? Aucun de ces chiens, en tous cas, ne pourrait *prouver son origine*, et tout est là. C'est que ces chiens français, je le répète, sont des animaux antédiluviens ; ce sont des races disparues. S'il en était autrement, il est certain que les hommes distingués auxquels je suis heureux de rendre ici l'hommage qui leur est dû auraient mis tout en œuvre pour en réunir les épaves et reconstituer ces deux races si regrettées.

C'est nous-mêmes que nous devons accuser de ce déplorable état de choses, qu'il faut bien pourtant constater, et je ne fais pas autre chose. Mais n'est-ce pas en même temps une raison de chercher à tirer parti de ce qui nous reste et de constituer en France, à l'aide des éléments dont nous pouvons disposer, un stud-book sans lequel la décadence des races ne fera que s'accentuer de plus en plus, sans lequel, dans vingt ans, les braques du Bourbonnais, par exemple, les braques Dupuy, les chiens de Saint-Germain, qui ne sont d'ailleurs que des pointers acclimatés et, hélas! bien dégénérés, l'épagneul de Pont-Audemer lui-même et le reste, seront allés rejoindre le braque et l'épagneul de la vieille race française.

C'est alors qu'il n'y aura plus que des chiens anglais et qu'il faudra bien, pour les avoir purs, les aller chercher à la source.

J'espère que ces déclarations paraîtront suffisantes et que mon chauvinisme ne sera plus suspecté.

Le nouveau pointer se présente donc à ceux qui ne veulent pas de chiens à grande quête avec un ensemble de qualités qui leur rappelleront le vieux braque français singulièrement amélioré, il faut le reconnaître. Que ceux qui y tiennent absolument disent que c'est notre vieux braque ressuscité, je le veux bien encore.

Toujours est-il que ce chien-là possède les qualités qu'ils prisent avant tout. Sa quête, quoique plus ardente, plus soutenue que celle de l'ancien braque français, est infiniment moins rapide que celle du pointer léger; il n'a même pas dans les requêtés, soit qu'il soit à bout de voie sur un gibier qui file devant lui, soit qu'il recherche une pièce démontée, les randonnées souvent si larges et si impétueuses de quelques setters; il est plus calme ou plus froid, si vous voulez. On dirait qu'il raisonne davantage son affaire et que, chez lui, la passion cède devant une sorte de calcul qui lui indique ce qu'il convient de faire sans dépenser en pure perte des moyens d'action extravagants.

Chez le pointer léger, la passion, servie par une incomparable vigueur, emporte tout; il semble obéir involontairement à cette passion comme il obéit involontairement à l'impression que produit sur ses muscles le sentiment du gibier qui le cloue sur place.

La quête du nouveau pointer est plus courte; il est aisé de le diriger, et, tandis qu'il est toujours difficile de contraindre un pointer léger à restreindre ses actions, il est toujours aisé de raccourcir la quête de son frère puîné.

La construction même de l'animal vient en aide aux efforts de son maître; il est clair que ce chien-là ne pourrait soutenir le train de son rival, qui possède des jambes et un rein de lévrier.

J'ai vu beaucoup de ces nouveaux pointers : la plupart étaient forts bons, mais tous ne chassaient pas le nez haut, et c'est là, à mes yeux, un grand défaut. Ceux dont je parle, qui quêtaient le nez en terre, tenaient-ils cet instinct de l'ancien braque français qu'on prétend leur aïeul? Je n'en sais rien. On me dit même que c'est là un défaut assez rare dans cette nouvelle race; tant mieux; mais je dois constater ce que j'ai vu.

Il est juste de reconnaître toutefois que cette quête basse n'a pas le même inconvénient chez le chien qui s'écarte peu de son maître. En effet, l'épagneul ou le braque français, par exemple, recherchent plutôt la piste qui doit les conduire sur le gibier que le gibier lui-même. Mais supposez un instant un pointer léger quêtant le nez bas, et voyez un peu les inconvénients qui en résulteraient.

Ce chien qui est à deux cents mètres de vous, s'il quête haut le nez, percevra de très loin, surtout si c'est un pointer, le sentiment du gibier, et, comme il s'arrête court dès que ce sentiment lui parvient, vous avez tout le temps de le rejoindre si le gibier tient; nous avons vu plus haut qu'il était puéril de croire qu'on aurait approché le gibier qui ne tient pas devant un bon chien. Mais si notre collaborateur quêtait le nez bas, comme les chiens qui cherchent la piste, il pourrait arriver sur des perdrix ou sur un lièvre sans en avoir eu connaissance; or, comme il est à deux cents mètres, ce serait autant de perdu pour vous. Il est donc de toute nécessité qu'un chien possédant une large quête chasse toujours le nez haut; quant à celui qui croise à vingt mètres de son maître, je le répète, il est évident que l'inconvénient disparaît. S'il arrive sur une pièce de gibier sans l'avoir éventée, cette pièce partant à portée, le chasseur pourra toujours tirer.

. C'est pour cette raison que, parlant plus haut des chiens à grande quête, je disais qu'ils n'étaient jamais nuisibles quand ils quêtaient *le nez haut* et qu'ils étaient *très fermes*. Je suis persuadé, d'un autre côté, que la plupart des chasseurs qui condamnent les chiens à grandes actions ont surtout eu à se plaindre de chiens quêtant loin d'eux, le nez bas : un chien qui quête le nez bas peut tomber sur du gibier sans en avoir eu connaissance et, s'il est éloigné de son maître, je conviens volontiers que celui-ci doit fort maugréer.

Donc, s'il m'est permis de poser un nouvel axiome, je dirai : Tout chien qui quête loin doit quêter le nez haut.

Quelques chiens français, quelques chiens de Saint-Germain par exemple qui ne sont, je le répète, que des pointers acclimatés en France, quêtent le nez haut; ceux-là, vous pouvez les laisser aller, mais les autres, tenez-les sévèrement près de vous si vous voulez tirer.

Pour ma part, j'ai dû réformer plusieurs chiens d'arrêt qui quêtaient à la fois fort loin et le nez bas; très probablement il m'eût été facile de réduire leur quête, mais, comme à mes yeux c'eût été tomber de mal en pis, j'ai préféré m'en défaire.

Ce qui précède ne tend pas à établir, bien entendu, que les chiens qui quêtent bas n'ont pas de nez; quelques-uns l'ont assez bon. Pourtant, à mon avis, l'animal qui porte au vent agit ainsi parce qu'il a le nez très fin; il obéit à un instinct qui lui dit que le sentiment du gibier lui arrivera

Fig. 9. — UN BATARD.

LES POINTERS.

toujours d'assez loin. Celui qui cherche à terre le sentiment laissé par le gibier agit ainsi parce que sa nature l'y porte et qu'il sait instinctivement que la délicatesse de son odorat ne lui permettrait pas toujours de percevoir en temps utile le sentiment émanant du gibier lui-même.

J'ai fait une expérience : je veux vous la dire.

A l'époque où mon père renonçait aux chiens français pour s'attacher uniquement aux pointers, il avait distribué ses anciens auxiliaires à quelques amis, sauf un seul, ce braque français dont le portrait accompagne l'étude de M. de la Rue. Ce chien avait toutes les qualités de sa race; c'était un sage, bon et intelligent collaborateur; nous lui permettions, bien entendu, de nous accompagner avec les pointers, et il semblait résigné à son triste rôle. Frappé de la supériorité du nez de ces derniers, souvent mon père, avant l'ouverture, amenait Médor sous l'arrêt d'un de nos nouveaux auxiliaires. Médor arrêtait bien à patron; mais, quand il s'agissait de marcher sur le gibier vers lequel était ouvert le nez de Mac, Médor mettait le nez en terre, cherchant la piste, et ne la trouvait pas parce que les perdrix n'avaient point passé par là. Pendant ce temps, Mac, toujours le nez haut, marchait droit sur la compagnie; Médor alors de le rejoindre et de prendre l'arrêt près de lui. Ce n'est qu'arrivé à une distance relativement très courte qu'il agissait consciemment, qu'il percevait pour son compte le sentiment du gibier qui avait frappé Mac cent mètres plus loin. Nous avons fait vingt fois cette expérience, tant avec nos chiens français qu'avec ceux de nos amis. Quand il s'agissait d'un lièvre, et non d'une compagnie de perdrix, c'était bien une autre affaire. Tout ceci est de la chasse.

Où voir une meilleure preuve de la supériorité de l'odorat du pointer anglais? Est-ce là manquer de patriotisme? Faut-il donc se fermer les yeux?

Eh bien, le nouveau pointer possède également une extrême finesse d'odorat.

Quelques chiens qui, après avoir fait en plaine leur éducation (ce que doit faire tout chien que son maître estime, parce que la plaine est la véritable école du chien d'arrêt), quelques chiens, dis-je, qui au début quêtaient le nez haut en plaine, se mettent à quêter le nez en terre quand on les fait chasser exclusivement au bois.

C'est la force des choses qui le veut ainsi.

Au bois, les émanations du gibier sont sans cesse interceptées par des masses de feuillages qui raccourcissent singulièrement la portée de l'odorat du meilleur chien. Et puis ce chien, habitué à quêter le nez haut, rencontre pour la première fois la piste d'un faisan qui est passé là dix minutes auparavant; il tombe en arrêt et cherche, comme le veut sa nature, en portant au vent, à droite et à gauche, où peut bien être cette pièce de gibier nouveau. Les arbres, le feuillage épais des cépées empêchent le sentiment de venir directement à lui; il n'a plus pour le guider que la piste... il baisse le nez et il la suit. C'est tout naturel.

Voilà comment d'excellents chiens de plaine, quêtant haut le nez, en viennent souvent à contracter l'habitude de chasser le nez bas, à suivre la piste du gibier, même en plaine.

Avoir un chien pour chaque genre de chasse serait donc ce qu'il y a de mieux; mais tous les chasseurs ne peuvent pas s'offrir le luxe de deux ou trois auxiliaires. A ceux qui sont obligés de se contenter d'un seul chien, je dirai donc : N'omettez jamais, avant chaque ouverture, de remettre à la plaine un chien que vous aurez fait chasser exclusivement au bois pendant toute une saison; il reprendra ses premières allures au bout de quelque temps. Mais, si vous négligez cette précaution, il pourra vous en coûter plus d'un mécompte.

Je me suis engagé, au début de cette étude, à dire quelques mots de l'extérieur du chien d'arrêt en général. Je viens de parler successivement du pointer léger et du nouveau pointer. J'ai dû établir un parallèle entre ces deux chiens et l'ancien braque français; je ne crois donc pas avoir une meilleure occasion de tenir ma promesse. Ce qui suit ne s'écarte pas, d'ailleurs, du cadre que je me suis tracé.

Tous ou presque tous les auteurs qui ont écrit sur le chien ont cru devoir indiquer que telle race se présentait régulièrement avec telle ou telle construction : celle-ci a le rein faible ou creux, cette autre a les pattes courtes, telle autre les a longues. Pour ma part, j'ai peut-être mal vu, mais je n'ai rien remarqué de semblable.

De toutes les observations qui ont été faites dans ce sens, la plus juste à mon avis, la seule juste peut-être, est celle qui concerne le griffon, dont on a dit qu'il était ordinairement haut monté sur jambes. En effet, cette construction est très souvent remarquablement accentuée dans les sujets purs.

Quant aux autres observations, dont je citais plus haut quelques exemples, j'avoue ne pas les avoir faites.

Pour être bien construit, un chien, de quelque race qu'il soit, doit avoir des proportions harmonieuses, et, dans toutes les races, il existe des bêtes parfaitement construites et d'autres de construction médiocre ou mauvaise.

Ainsi, par exemple, chez l'ancien épagneul français, et comme l'a dit lui-même mon collaborateur, M. de la Rue, beaucoup de sujets avaient en effet le rein faible et long. Mais n'est-ce pas là un vice de construction déplorable? L'épagneul français (je veux bien qu'il en existe encore) se présente quelquefois avec un excellent rein monté sur des pattes solides, et il est certain que, quand il s'agira de reconstituer cette race, ce ne sera pas un animal défectueux qu'il faudra prendre comme point de départ.

Quand un chien a le rein long, c'est qu'il a les pattes courtes. En effet, si les pattes étaient de bonne longueur, l'harmonie serait rétablie, le rein ne serait plus trop long. Je ne connais pas de construction plus défectueuse que celle-là, car, à moins d'être râblé comme les cokers ou certaines races de bassets, un chien dont le rein est trop long sera toujours ensellé et se fatiguera très vite. Or, tous les chasseurs savent que ce n'est pas précisément par l'énergie que brillait l'épagneul français; si à ce manque de fond naturel vient encore s'ajouter l'effet d'une construction défectueuse, ce qui reste ne vaut pas la peine d'en parler.

Si je prends cet exemple, c'est qu'il frappe davantage; mais je n'ai d'autre but que d'établir que, pour qu'un chien soit bien fait, et quelle que soit sa race, il doit exister entre les différentes parties de son corps certaines proportions qui sont très sensiblement les mêmes chez tous les beaux chiens, non pas sans doute absolument les mêmes; mais on peut dire que, pour qu'un chien soit bien construit, il faut qu'un œil profane ne puisse distinguer au premier coup d'œil les points par lesquels les races diffèrent entre elles. Cela est vrai pour le rein aussi bien que pour les pattes et pour le fouet.

J'ai souvent entendu dire d'un chien qui porte mal son fouet :

— Mais, quand il chasse, il ne le porte pas mal du tout.

Sapristi ! il ne manquerait plus que cela !

Je l'ai déjà dit, un chien de grande race à moins de ces accidents avec lesquels il faut toujours compter, doit toujours bien porter son fouet, qu'il soit épagneul ou braque, et de l'épagneul qui porte son panache en trompette, si bon fût-il, je ne voudrais à aucun prix recommander la pureté, ni tirer des produits à moins d'avoir un pedigree parfaitement authentique.

Les chasseurs français n'attachent pas habituellement un prix suffisant à l'extérieur du chien ; ce qui les frappera davantage, c'est la couleur, des taches régulières, la finesse du poil. Mais, sur ce dernier point seul, il y aurait beaucoup à dire, par exemple, que des soins de propreté, que des brossages énergiques, régulièrement répétés chaque jour, contribuent non-seulement à donner à la robe du chien ce lustre, ce brillant qui flatte l'œil, mais à faire paraître le poil plus court.

Ces soins de chaque jour sont fort importants.

Je connais un amateur qui prétend même qu'ils sont pour beaucoup dans le développement du chien et l'harmonie de ses formes. Voulez-vous son procédé ? Remarquez que je ne le recommande point.

Chaque matin, cet excellent amateur fait faire au jeune chien une promenade modérée ; rentré au logis, il couche la bête sous un édredon pour conserver et développer la chaleur acquise. Quand, étouffé sous cet édredon, l'animal manifeste une impatience indiquant qu'il a assez du traitement et qu'il va perdre patience, mon homme se livre sur tous les membres de son élève à un travail de massage répété ; les muscles de la tête, le rein, les épaules, les cuisses, les jambes, tout cela est massé et remassé ; il détend les articulations, les fait jouer en tous sens, après quoi, et cette besogne aimable étant terminée, le patient est renvoyé à la soupe. Matin et soir, il subit la même série d'opérations ! Pendant un an !

Je ne sais trop, en y réfléchissant, s'il faut condamner entièrement ce procédé, qui au premier abord semble puéril, presque ridicule, et que, pour ma part, je me déclare tout à fait incapable de mettre en pratique; mais certains de ces amateurs forcenés, qui sont férus de la passion du chien, trouveront peut-être qu'il y a là quelque chose, comme dans ces exercices de gymnastique qui sont destinés, les uns à développer les muscles de la poitrine, les autres ceux des bras, les autres ceux du dos, etc. C'est du moins ce que prétend le brave chasseur dont je viens de vous dire la sollicitude.

A mon avis, ce traitement, pour lequel il faut être doué d'une patience de bénédictin, ne vaut pas des soins raisonnés, une nourriture bien réglée et un exercice progressif, constamment répété. Quoi qu'il en soit, je vois d'ici trois ou quatre enragés de ma connaissance qui ne manqueront pas, après avoir lu ces lignes, d'appliquer le système à leurs élèves.

Un exercice journalier, une nourriture bonne et régulièrement distribuée, voilà, à mon gré, ce qui produit le meilleur effet sur le développement d'un chien, voilà ce qui entretient le mieux sa vigueur et sa santé.

Si j'insiste sur ce point, c'est précisément à cause du peu d'importance qu'on attache ordinairement à la forme. Or croyez bien qu'après la race, bien entendu, la construction d'un chien est un des points qu'il faut considérer avec le plus de soin. Je sais de reste, et je l'ai dit assez, que le sang prime tout, cela est si vrai que vous avez vu comme moi des chiens pléthoriques, crevant d'obésité, mal construits, chasser quand même avec ardeur, chasser tant qu'il leur reste la force de faire un mouvement; c'est la race qui les entraîne, qui les soutient.

Mais supposez, au contraire, un animal manquant à la fois de sang et possédant une construction défectueuse, et vous conviendrez que ce sont deux bonnes raisons pour une de parier qu'il n'y a rien à faire avec cette bête-là. Et pourtant, tous les jours, vous voyez de malheureux chasseurs affublés de chiens n'ayant ni structure ni race : suivez de l'œil dans la plaine, ces honorables associés, et vous verrez toutes ces bêtes-là (je parle des chiens) sur les talons de leurs maîtres, quand elles auront donné tout leur feu, c'est-à-dire au bout de quelques heures.

Vous avez entendu vingt fois dire du chien d'un paysan chasseur ou d'un braconnier : — Il était bien laid, mais quel bon chien !

Quelle conclusion tirer de là, et qu'est-ce que cela prouve?

Mon excellent ami, M. de Cherville vous a dit que le meilleur chien serait toujours celui qui a le bonheur d'appartenir à un bon chasseur, pratiquant tous les jours. Sans doute, mais, je le répète encore, quand il s'agit de faire le choix d'un élève, vous ferez sagement en le choisissant de bonne race avant tout et, s'il se peut, beau de formes, parce que, question de race à part, l'harmonie des proportions, l'équilibre de la construction, dénotent un animal vigoureux, énergique, résistant à la fatigue. Je vais plus loin, et je prétends que moins un chien a de sang, plus sa construction demande à être convenable, parce que chez lui le sang ne supplée pas, comme chez les individus de grande race, à l'insuffisance des moyens d'action. En d'autres termes, je dis qu'un chien de pur sang mal construit pourra encore faire un bon service, tandis qu'un bâtard, qui joint à sa bâtardise un vice de construction, ne sera jamais bon à grand'chose.

Je ne veux pas revenir sur ce que j'ai dit au sujet de l'extérieur du pointer; mais, qu'il s'agisse des pointers légers ou des pointers de création récente, il est certain qu'aucun chien, dans la famille des braques, ne possède à un degré également supérieur ces qualités physiques qui sont indispensables dans un chien d'arrêt appelé à un travail sérieux.

Je ne saurais finir cette longue étude des qualités du pointer anglais sans constater une autre des raisons qui le font aisément résister à des fatigues sous lesquelles succomberaient tant d'autres chiens : presque toujours le pointer est très bien *ferré*, c'est-à-dire que sa patte est garnie d'une semelle épaisse et résistante, et qu'il se désole moins souvent et surtout moins vite.

J'ai possédé et j'ai vu maintes fois des pointers complètement désolés chasser quand même avec ardeur; au bout de quelques jours tout cela se remettait, et les gaillards se fabriquaient, tout en travaillant, des semelles que leur auraient enviés tous les charretiers de France et de Navarre.

On a beaucoup reproché aux pointers leur caractère batailleur : je suis obligé de convenir que ce reproche est souvent mérité.

Toutefois, il serait injuste de prétendre qu'ils ont la spécialité de ce mauvais caractère, qu'on a un peu exagéré; j'ai connu des griffons qui ne le cédaient en rien au pointer le plus mal endurant. Ajoutons qu'il y a beaucoup de pointers très doux et très aimables.

Ce n'est pas là, je crois, une question de tempérament particulier; c'est un effet de la chaleur du sang, c'est une surabondance des forces, qui déborde quand l'occasion se présente, chez la plupart des chiens de grande race.

J'ai vu des épagneuls français, des chiens de Saint-Germain, des braques français doués de caractères déplorables.

Le pointer, avec cette exubérance de vitalité qui le distingue à un si haut degré, ne pouvait guère échapper à ce défaut. Mais, si tous les pointers ne sont pas méchants et batailleurs, il n'en faut pas moins reconnaître que la plupart des chiens des grandes races anglaises ont le caractère moins facile que les chiens endormis dont se contentent trop de chasseurs. Ils ont quelquefois les défauts de leurs qualités.

STOP, pointer anglais appartenant à M. Bellecroix.

Fig. 10. — QUELQUES TÊTES DE CHIENS BATARDS.

LES SETTERS

J'ai fait de mon mieux pour établir la vérité en ce qui concerne les braques anglais ; et, dans le parallèle que j'ai dû établir entre les qualités physiques et morales des races françaises et des races anglaises, j'ai dû renoncer à flatter l'amour-propre des chasseurs français.

J'ai montré les choses comme elles sont.

Mais si, parlant des pointers, j'ai pu encourir les reproches de ceux qui, par exagération de chauvinisme, tiennent pour les races françaises, quelles malédictions ne vais-je pas soulever en parlant des épagneuls anglais !

En France, on n'a jamais compté, que je sache, que deux races d'épagneuls : l'épagneul français, dont vous a parlé M. de la Rue, et l'épagneul de Pont-Audemer, que j'ai moi-même présenté à nos lecteurs.

Une simple énumération suffira pour montrer combien, là encore, les Anglais nous ont dépassés, combien nous avons à leur emprunter.

Comptons seulement les principales variétés de setters anglais ; je dis seulement les principales, car nous irions trop loin s'il nous fallait énumérer toutes les espèces conservées par une foule de grands seigneurs anglais avec un soin jaloux. Bien des lords, bien des gentlemen s'attachent à une race dont ils ont reconnu les mérites, mettant tous leurs soins à l'améliorer, sans prendre toujours part, malheureusement, à ces exhibitions fameuses, où leurs élèves feraient pourtant si bonne figure.

Les diverses espèces de setters diffèrent par la couleur, mais ne constituent pas à proprement parler, des races distinctes. Nous nous bornerons donc à énumérer les principales variétés en les classant par les couleurs qui constituent, pour ainsi dire, autant de variétés particulières. Leurs facultés d'ailleurs sont à peu de chose près les mêmes et ne diffèrent que par des nuances que nous indiquerons successivement.

Comptons donc :

Le setter anglais blanc et orange;

Le setter anglais noir;

Le setter irlandais rouge;

Le setter irlandais blanc et brique, ces deux derniers ont très souvent le nez noir;

Le setter Gordon;

Le setter Laverack;

Le water spaniel;

Le retriever;

Puis les clumbers, les cockers, les springers, etc.

N'y a-t-il pas là de quoi donner à réfléchir à ceux qui prétendent que nos ressources nationales n'ont rien à envier à celles de nos voisins?

Ainsi, voilà une douzaine de variétés d'épagneuls créés par les chasseurs anglais, dont chacune possède les facultés génériques particulières aux chiens de pure race anglaise, et se présente parfois avec des qualités, des aptitudes spéciales, et, en regard de cette profusion de richesses, nous n'avons en France que deux chiens épagneuls, dont encore, il faut bien le dire au moins pour l'épagneul français, il serait certainement difficile de présenter aujourd'hui un certain nombre de sujets bien authentiquement purs.

Certes, l'aveu est pénible; mais, on ne saurait trop le répéter, si nous en sommes là, c'est grâce à notre incurie d'abord, à notre aveuglement ensuite. Or, aujourd'hui que nous avons à peu près tout perdu, c'est notre aveuglement qu'il faut combattre, et c'est pour cela que je m'efforce de montrer la vérité à mes confrères en saint Hubert. C'est même par un scrupule sans doute exagéré que je ne vais pas jusqu'à leur répéter une fois de plus ce que me disait dernièrement un des connaisseurs les plus savants qui existent aujourd'hui : « Le chien français est un animal antédiluvien; » mais je suis obligé de les mettre en garde contre cette erreur qui consiste à croire que nous possédons en France, à l'heure qu'il est, les éléments nécessaires à la reconstitution de nos anciennes races.

Peut-être suis-je dans l'erreur : je suis presque tenté de le désirer, car je reconnais qu'il y avait du bon dans les chiens que nous avons laissé perdre. Je reconnais volontiers que certains animaux possédaient des qualités très bien appropriées aux besoins de la chasse en France ; mais il me sera permis d'ajouter que ces conditions ne sont plus aujourd'hui ce qu'elles étaient il y a vingt-cinq ou trente ans; il me sera permis de constater que le gibier est devenu de plus en plus rare ; or, je suis obligé d'en tirer cette conséquence, que les chiens qui faisaient tuer beaucoup de gibier à nos pères seraient peut-être insuffisants pour nous, qui opérons dans des conditions infiniment moins faciles. Plus le gibier devient rare et farouche, plus le chasseur a besoin d'un chien possédant cette énergie, cette vigueur, qui manquaient quelque peu, il faut bien le reconnaître, à nos anciens chiens d'arrêt français.

Toujours pratiques, les chasseurs anglais ont su créer diverses races de chiens appropriées au service qu'ils leur demandent. Pour les chasses de plaine, ils ont fabriqué le pointer, dont la vigueur et l'odorat résistent si merveilleusement aux grandes fatigues et à la chaleur. Ils possèdent encore de magnifiques épagneuls, qui, mis en regard des nôtres, ont une énergie et une résistance incomparables. Ils en ont fabriqué d'énormes, très haut montés sur pattes; ils en ont fabriqué de tout petits, avec un long rein et des jambes de basset.

Mais je demande la permission de procéder par ordre et de présenter d'abord à mes lecteurs l'épagneul ou setter anglais, qui tient la tête de cette nomenclature que j'ai donnée plus haut.

LE SETTER ANGLAIS BLANC ET ORANGE.

De grande taille, quoique moins grand parfois que certains setters irlandais rouges, le setter anglais le plus répandu peut-être est blanc et orange, couvert de poils légèrement ondulés, souples et fins.

La tête est sèche, un peu cassée, le nez est *fauve*, à peu près de la même couleur que les taches; les lèvres, le palais sont roses; l'oreille est plantée haut, de moyenne longueur, garnie de poils ondulés moins longs que ceux des flancs et du fouet.

Quand je dis que l'oreille du setter anglais est plantée haut, je constate que ce caractère était très accentué dans les types les plus estimés il y a quelques années. Mais la mode s'est mêlée de l'affaire et quelques éleveurs anglais, aux regrets de bien des amateurs distingués, ont semblé donner la préférence à quelques types ayant l'oreille longue et plantée plus bas.

Jamais un setter anglais blanc et orange pur n'a le nez, ni les lèvres, ni le palais noirs; chaque fois qu'un chien de cette race présente cette particularité, vous pouvez tenir pour certain qu'il y a en lui un mélange de sang irlandais ou un croisement avec les setters noirs ou blanc et noir, laveracks ou autres. C'est là une observation d'une vérité absolue, et vous verrez plus tard qu'elle a son importance : c'est pour cela que je la signale avec insistance dès à présent.

Le front du setter anglais est légèrement arrondi et non très relevé, très large, comme celui des setters irlandais rouges et du setter Gordon des anciens types. Le cou est vigoureux et un peu long, élégant, en somme, plutôt que fort. Le rein est large et solide; les épaules, légèrement renflées par des muscles très souples; l'avant-bras, long comme chez la plupart des chiens anglais; les canons courts. Les pattes sont garnies de longs poils légers et ondulés; l'intérieur des doigts est aussi garni de longs poils qui, souvent ressortent à l'extérieur. C'est là une particularité spéciale aux setters anglais : l'épagneul français de pur sang a toujours l'intérieur des doigts nus.

Le corsage est profond sans être habituellement très large; le flanc est plein, couvert de longues soies qui à partir de la cuisse reviennent souvent d'arrière en avant; les côtes sont moins arrondies que celles du pointer.

Le fouet, qui, pour être beau, ne doit jamais dépasser le jarret, est orné de longs poils ondulés qui vont en se raccourcissant vers le bout.

L'ensemble du setter anglais est donc plus léger que puissant, plus élégant que vigoureux.

Fig. 1. — LE SETTER ANGLAIS BLANC ET ORANGE.

Le setter anglais, ou du moins la variété du setter anglais dont j'ai à parler en ce moment, a été longtemps désignée en France et y est encore souvent désignée sous le nom d'épagneul écossais. Je connais un grand nombre de chasseurs et d'amateurs distingués qui lui maintiennent cette dénomination et qui prétendent établir absolument son origine écossaise.

Fidèle à la règle que je me suis posée, je ne les suivrai pas dans leurs pérégrinations scientifiques; il est fort possible qu'ils aient raison : l'épagneul blanc et orange à nez fauve vient peut-être d'Écosse, peut-être d'Angleterre. La question, pour la plupart des chasseurs et pour moi, qui n'avons point la prétention de faire de la science, mais qui prétendons très modestement *chasser*, est certainement indifférente.

Cependant, les auteurs les plus distingués, les connaisseurs les plus érudits désignent l'épagneul blanc et orange sous le nom de *setter anglais;* je lui conserverai ce titre estimable, dont, en ce qui me concerne, je consens à le tenir en bonne et légitime possession. Donc, et quoi qu'il en soit à cet égard, le setter blanc et orange, que vous pouvez désigner à votre gré sous le nom de setter anglais ou de setter écossais, est un magnifique chien, dont les qualités morales ne sont pas moins remarquables que la beauté.

Il ne faut pas prendre pour des setters anglais tous ces épagneuls blancs et orange dont sont affublés un grand nombre de chasseurs de pacotille. Ces braves chiens ont du setter anglais la *couleur* et quelquefois *la taille*, mais j'ai déjà dit que cela ne fait rien à l'affaire.

Cette variété du setter anglais, que j'étudie aujourd'hui, se présente régulièrement avec les formes que j'ai décrites, et si dans une portée provenant d'animaux de sang pur, il se trouve par hasard un sujet défectueux, mal construit, c'est là un simple accident, c'est une exception.

Le plus beau setter blanc et orange que j'aie jamais eu l'occasion d'admirer, appartenait à l'un de mes amis, lequel était loin d'apprécier à sa vraie valeur cet admirable et excellent chien. Pyrame est mort sans avoir jamais trouvé en France de lice digne de lui. Il provenait des chenils du château de Banneville, appartenant à M. le comte de P....., qui, m'a-t-on dit, conservait soigneusement cette race précieuse.

Quand vous verrez un épagneul blanc et orange long de corps, à l'aspect doux et endormi, traînant entre ses pattes de derrière une interminable queue molle et garnie de longs poils, formant au bout ce fameux panache dont on a tant et si mal à propos vanté les mérites, vous pouvez tenir pour certain que vous avez affaire à un bâtard, à l'un de ces chiens impotents auxquels il faudrait une double de paire de roulettes et une ficelle pour les faire marcher, j'allais dire pour les faire suivre : fermes, ils le sont quelquefois ; prudents, ils le sont toujours, ne battant guère que le terrain foulé par les semelles de leur maître.

De grande quête, très fin de nez, très suffisamment souple et docile, le setter blanc et orange serait un chien parfait s'il résistait au même degré que le pointer à la chaleur et aux longues fatigues. Mais il faut bien reconnaître que tous les chiens de cette race ne sont pas aussi vigoureux au mois de septembre qu'ils le deviennent un mois plus tard. Quand ils ne sont pas entraînés, quand des sorties journalières, progressivement calculées, ne leur ont pas fait acquérir cette énergie que je considère, avec le nez, comme la première vertu du chien d'arrêt, certains setters blanc et orange fléchissent quelquefois devant les fatigues prolongées des chaudes journées de l'ouverture. Ils souffrent du manque d'eau ; mais une baignade dans quelque mare suffit habituellement pour leur rendre toute leur vigueur.

Je me hâte d'ajouter qu'un exercice régulier donne à cet excellent chien l'énergie qui lui manque parfois, quand, après l'avoir laissé trop longtemps au chenil, on le conduit un beau matin en plaine, après sept mois de repos absolu.

Disons aussi que certains chiens de cette espèce provenant d'animaux depuis longtemps soumis à une série de sélections intelligentes supportent très bien la chaleur et la fatigue par un soleil brûlant, et sont très robustes.

Le nez du setter blanc et orange, comme celui de tous les setters anglais est excellent et résiste plus longtemps à la chaleur que celui du braque et de l'épagneul français. Il est en même temps bien plus vigoureux que les chiens français. Sa quête est large et vive ; il chasse presque toujours au galop et le nez haut; ce qui revient à dire qu'il arrête les perdrix de loin. En même temps, il est très ferme, très intelligent, plein de mémoire, et la fougue des débuts s'arrête promptement devant le souvenir des réprimandes ou des corrections.

Fig. 2. — *PYRAME*, SETTER ANGLAIS, appartenant à M. L. H.....

C'est ce qui me faisait dire plus haut que c'est là un chien souple et docile.

Le setter anglais buissonne bien et peut faire un bon chien de bois quand on l'y exerce fréquemment.

Je ne partage donc pas l'opinion de ceux qui ont dit qu'il fallait exclure cette précieuse race de la chasse du bois, et je suis enchanté de cette occasion de répéter que je partage entièrement l'opinion de M. de Cherville et que je pense avec lui que le plus grand nombre des chiens sont aptes à rendre de véritables services en plaine, au bois ou au marais, selon que leur éducation est plus particulièrement dirigée vers l'un ou l'autre de ces divers objectifs.

Certainement, le pointer, par exemple, n'est pas un chien de marais, et pourtant j'ai vu des pointers nés au milieu des marais de Troarn, élevés là, chasser à l'eau avec le même entrain que des barbets. Tous les pointers, il est vrai, ne résistent pas aux effets de ces bains prolongés ; les douleurs, les rhumatismes leur viennent quelquefois promptement, et un pointer qui chasse trop souvent au marais ne dure pas toujours aussi longtemps que s'il avait été exclusivement employé à la chasse de plaine ; mais il est des sujets de nature vigoureuse sur la santé desquels rien ne semble avoir d'influence. Mon père, un de mes oncles, surtout, et moi-même, nous avons possédé des pointers qui pratiquaient la chasse à l'eau régulièrement et sans qu'il en soit résulté pour eux d'autres accidents que ceux qui atteignent la plupart des chiens appelés à chasser plus spécialement au marais.

J'en conclus donc que, s'il est certain que le pointer n'est pas un chien d'eau, il n'en est pas moins vrai qu'il chasse à l'eau ; de même il peut chasser au bois sans être spécialement un chien de bois ; de même aussi, et sans convenir aussi bien peut-être à la chasse au bois que certains setters, dont nous aurons à nous occuper bientôt, on peut affirmer que le setter blanc et orange peut également rendre au bois de bons services, s'il est habitué de bonne heure à la chasse au bois.

Le seul reproche, ou à peu près le seul, qu'il soit possible d'adresser à certains individus de cette remarquable variété d'épagneuls anglais est donc, je le répète, de ressentir un peu vivement l'effet des grandes chaleurs de l'ouverture, quand ils ne sont pas suffisamment entraînés.

LE SETTER ANGLAIS NOIR.

Cette variété, universellement acceptée par les amateurs comme un chien anglais, et non comme un chien écossais, ainsi que l'ont prétendu certains auteurs, constitue à mon sens l'une des plus remarquables par ses facultés naturelles. C'est en même temps, à mon avis, l'une de celles dont les qualités répondent très bien aux besoins de la chasse en France.

Quand nous aurons étudié ensemble ces dispositions et ces qualités, mes lecteurs jugeront en connaissance de cause le setter anglais noir et pourront se former une opinion.

Malheureusement cette espèce de setters noirs est devenue assez rare : elle a été détrônée par le setter Gordon qui, il faut le reconnaître, justifie la faveur dont il est l'objet.

A ce sujet constatons encore une fois que la plupart des setters anglais, quelle que soit leur robe, possèdent des qualités à peu près identiques et que la supériorité de telle ou telle variété tient bien plutôt aux soins dont ces variétés ont été l'objet, de la part des éleveurs qui se sont attachés à l'une ou à l'autre, qu'à des dispositions naturelles diverses.

Le setter anglais noir est un animal superbe, et ce qui frappe d'abord en lui, comme dans le pointer, c'est la fierté de l'attitude, l'élégance des formes.

Non pas de très grande taille, comme quelques setters irlandais rouges de création moderne, le setter noir est cependant bien plus grand, bien plus haut monté sur pattes, bien mieux découplé que l'ancien épagneul français.

Son poil est d'un noir de jais, très brillant.

La tête est fine, sèche, légèrement cassée.

Le nez est largement ouvert.

L'œil est fauve, plein de feu, presque féroce.

L'oreille est fine, de moyenne longueur, attachée haut.

Les moindres impressions se traduisent sur la face, qui est garnie d'un poil court, fin, très luisant, et qu'éclairent deux yeux flamboyants.

Les lèvres et le palais sont entièrement noirs.

Le cou est un peu long sans être grêle.

L'épaule s'attache bien; l'humérus est très oblique et long à la fois, ce qui revient à dire que le coude descend bas et que l'épaule, comme on dit vulgairement, est bien effacée.

La poitrine est profonde, cachée sous de longues soies fines et souples.

Le rein doit être large, un peu relevé et non pas droit.

Les cuisses sont bien jambonnées sans être lourdes; le jarret est long et large; les canons courts.

Les pattes sont sèches et fortes en même temps; le pied est étroit, et très bien fait.

A cet extérieur séduisant répondent les qualités les plus sérieuses.

Le setter noir a le nez excellent, quelquefois aussi fin que celui du pointer; il est aussi très résistant à la fatigue.

Sa quête est très ardente, très vive, très soutenue; on peut même dire, pour lui comme pour le pointer, qu'elle est quelquefois trop ardente et trop vive dans les premiers temps.

Le setter noir quête le nez haut et au galop. J'ai connu un vieux chien de cette race, dont la carrière avait été une longue suite de triomphes, et qui essayait encore de reprendre sa quête au galop une heure avant de mourir. Il est tombé au champ d'honneur, celui-là; il est mort en chassant, de la plus belle mort que puisse envier un chien de noble race. Il n'y avait pas un quart d'heure que son maître venait de faire, sous l'arrêt de Black, un dernier coup double, quand en descendant un fossé le vieux chien se coucha; après avoir inutilement cherché à se faire suivre jusqu'à une ferme située à quelques pas de là, notre ami s'assit près de son vieux camarade, qui, les yeux fixés sur ceux de son maître, la tête sur son genou, resta dix minutes sans bouger, fut pris d'une convulsion et roula sans mouvement.

Black avait treize ans, et, pendant ces treize années, il avait pratiqué tous les genres de chasse, plaine, bois et marais, non seulement en France, mais en Angleterre, en Allemagne et jusqu'en Hongrie; Black avait chassé dans les marais du Danube.

Ce qu'avait fait Black, tous les chiens de cette race peuvent, je crois, le faire.

Excellent à l'ouverture, redoutant moins la chaleur que certains setters blanc et orange, conservant infiniment mieux la finesse de son odorat que les braques et les épagneuls français, vingt fois plus ardent, plus énergique, le setter anglais noir est un chien de plaine de premier ordre.

Il est en même temps intrépide au bois, et s'accoutume sans peine à faire la haie et le fourré.

Quant au marais, je constate que j'ai vu plusieurs chiens de cette race aller à l'eau aussi bien que le terre-neuve le plus intrépide, et sans qu'il en soit résulté pour eux d'autres conséquences que pour l'illustre Black dont je viens de vous dire la noble fin.

Ici je demande la permission d'éclaircir une fois pour toutes un point dont j'ai déjà touché quelques mots, mais qui demande à être bien et dûment établi.

J'ai déjà dit, et je ne me fais pas de scrupule de répéter, qu'à mon avis, tous les chiens peuvent chasser, je ne dis pas avec la même distinction, mais enfin peuvent chasser indifféremment en plaine, au bois ou au marais.

C'est là une affaire de milieu, d'éducation.

Mais tous les chiens ne sont pas également propres au même degré à tel ou tel genre de chasse.

Ainsi, j'ai constaté que j'avais possédé et que j'avais vu des pointers chasser impunément au marais pendant de longues années ; cependant le pointer n'est pas un chien de marais, et, en ce qui me concerne, j'ai perdu plusieurs bêtes remarquables pour leur avoir demandé, sous ce rapport, plus qu'elles n'étaient en état de donner.

Un de mes meilleurs chiens est mort à cinq ans, perclus de douleurs, emporté par un rhumatisme au cœur. Celui-là, cependant, ce n'était pas moi qui exigeais qu'il se mît à l'eau; il s'y jetait tout seul, à tout propos et sans propos; et il m'est arrivé maintes fois de le voir descendre la Seine pendant plus d'une demi-lieue, nageant après toutes les épaves, cou-

Fig. 1. — LE SETTER ANGLAIS NOIR.

rant sus à tous les bouchons, passant, pour son plaisir particulier, de l'autre côté du fleuve, sans que je pusse le contraindre à me suivre sur la berge. Je n'attachais pas d'autre importance à cette passion aquatique; j'avais tort. Mac était un pointer; il n'a pas résisté aux effets de ces baignades pour lesquelles il n'était point fait. Quelquefois, en plaine, au milieu de la quête la plus brillante, je le voyais tout à coup s'arrêter, puis se coucher, puis s'étendre sur le flanc et rester immobile; cela durait quelques minutes, et bientôt il n'y paraissait plus.

Vous savez le dénoûment, je n'insiste donc pas; mais, si j'ai appuyé sur ce point, c'est pour vous mettre en garde contre la faute que je me suis tant de fois reprochée.

Il n'en est pas moins vrai, je le répète, que tous les pointers ne sont pas aussi susceptibles, et, puisque nous parlons du setter noir, je dirai, sans plus tarder, qu'il sera très rare que vous ayez à constater les mêmes accidents chez un chien de cette race.

On a fait quelquefois, et avec raison, un reproche au setter noir, celui d'être indocile.

Il faut s'entendre.

Sans doute, on peut dire que le setter noir est indocile, si l'on entend qu'il n'a pas, à ses débuts dans la carrière, le calme de l'épagneul français. Il est comme tous les chiens qui ont beaucoup de sang, et quelquefois son ardeur l'emporte plus loin qu'il ne conviendrait.

Mais ce sont là des péchés de jeunesse, dont l'éducation, le temps et l'expérience ont toujours raison.

Le setter noir arrête magnifiquement et possède une solidité à toute épreuve, comme le pointer.

Il est bien entendu que je parle d'une bête dressée et non d'un écolier.

Je ne dis rien du rapport au sujet duquel j'ai fait au début de cette étude une profession de foi absolue; le setter noir, comme tous les chiens, rapporte bien, pour peu qu'on le veuille.

Voilà donc un chien qui possède la plupart des qualités qu'on peut exiger pour la chasse en France : c'est un chien de plaine, de bois et de marais; son ardeur lui fait affronter les ronciers et jusqu'aux joncs marins; c'est là, du reste, une qualité qui lui est commune avec tous les chiens de grande race, lesquels chassent partout, coûte que coûte, outre-passant leurs forces quand il s'agit de chasser, et pour lesquels semble avoir été inventée l'expression vulgaire, si énergique dans sa trivialité : « Il chasse à s'en faire crever. »

J'ai déjà dit que le pointer pouvait chasser également au bois; non seulement je l'ai dit, mais je suis tout prêt à le montrer, et, si j'avais besoin d'un témoignage, j'en trouverais vingt pour un qui affirmeraient avec moi cette vérité.

Or, ce qui est vrai pour le pointer, quand son éducation a été dirigée à deux fins, est également vrai pour la plupart des chiens, et particulièrement pour le setter.

Si j'insiste sur ce point, c'est que j'ai souvent entendu dire à quelques chasseurs de mes amis, praticiens consommés et fort savants, qui conservaient précieusement cette variété de setters noirs, que l'impétuosité de leur quête les rendait impropres à la chasse du bois. Ces messieurs se trompaient, et je crois qu'ils l'ont reconnu.

Leur opinion était basée sur une théorie et non sur la pratique, or c'est la pratique qui doit servir de base à toute théorie.

Possédant à la fois de magnifiques chasses de plaine et des réserves de bois exceptionnellement giboyeuses, MM. de V..., comme beaucoup d'amateurs distingués, avaient plusieurs paires de chiens de plaine et d'autres chiens qu'ils employaient uniquement au bois, à la chasse d'arrière-saison.

Frappés des qualités remarquables des setters noirs qu'ils possédaient, n'ayant pas sous la main de pointers, ils les avaient dressés eux-mêmes, à la plaine, avec un soin méticuleux, et ils les employaient exclusivement en plaine. Pour le bois, ils avaient des cockers et des clumbers, plus un griffon, dont je ne veux pas dire de mal, pour ne m'attirer de querelle avec personne.

Il était donc naturel que ces chiens, qui ne chassaient jamais qu'en plaine, ne possédassent pas les qualités qu'il faut rechercher chez un chien de bois.

Je les ai vus à l'œuvre : ils partaient le nez haut dans un taillis d'un ou deux ans, s'écartaient trop, battaient énergiquement à droite et à gauche, et tombaient en arrêt, souvent loin de nous. Alors, il fallait les chercher; cela faisait perdre du temps, dérangeait l'ordre de la marche, contrariait les manœuvres d'ensemble; de plus il arrivait fréquemment qu'en les cherchant, on levait une pièce qu'ils avaient passée; ou bien encore on faisait partir à l'improviste celle qu'ils tenaient en arrêt avant de les avoir aperçus, cachés qu'ils étaient par une cépée. En somme, le but n'était pas atteint. Un jour, en tirant un lapin, son maître envoya du plomb à « Ranger » qui en tenait un autre en arrêt; ce fut le bouquet.

Mes amis se fatiguèrent trop vite, à mon avis, et renoncèrent à employer leurs setters à la chasse du bois.

Sans doute ils eurent raison, puisqu'ils pouvaient se passer le luxe d'avoir divers chiens appelés à des destinations spéciales; mais à tous ceux qui, n'étant pas aussi favorisés, sont obligés de se contenter d'un seul auxiliaire, je dis : Le setter anglais en général et en particulier la variété à robe noire, de même que les gordon, sont des chiens qu'avec un peu de patience et une main ferme vous parviendrez facilement à dresser à la chasse du bois. Ne vous rebutez point, passez quelques fautes à votre élève; à ses débuts, il ne saurait manquer d'en commettre; c'est un écolier, il faut qu'il comprenne ce que vous exigez de lui. Quand il connaîtra la consigne, il ne s'en écartera plus, vous recueillerez le fruit de vos peines, et vous posséderez un collaborateur qui, outre ses qualités de nez, aura à son actif une vigueur, un fond de résistance vous permettant de vous passer la fantaisie d'une série prolongée de journées de chasse, pour lesquelles il vous faudrait user deux ou trois collaborateurs de race française.

A cet égard, on peut donc dire du setter noir ce que j'ai dit du pointer anglais : sans doute, ce n'est pas là, à proprement parler, un chien de bois, mais avec de la patience, avec un exercice, une éducation qui sont nécessaires, en somme, à tous les chiens quelle que soit leur destination, on peut obtenir de ce chien un excellent service en plaine et au bois; or, comme il supporte également bien la chasse à l'eau, j'ai donc raison de dire que c'est là une des variétés les plus précieuses, les mieux disposées, par sa nature, à se plier aux exigences de la chasse dans notre pays.

Encore un brin querelleur, quelquefois, celui-là; par ci, par là, un sujet ayant la dent dure, ou plutôt un peu chaude; c'est là, je crois, le seul revers de cette brillante médaille.

Mais quelle médaille n'a pas son revers?

J'ai bien le mien, moi qui vous parle : c'est ma passion pour les chiens anglais, à ce que prétend un de mes amis.

Ce que je viens de dire de ces deux variétés de setters, et en particulier du setter noir, peut s'appliquer à tous les setters anglais en général.

Il n'y a aucune comparaison possible entre ces chiens-là et cet épagneul français dont j'entends encore chanter les vertus étonnantes, par quelques vénérables chasseurs, dont les souvenirs remontent aux premières années de ce siècle, c'est-à-dire à une époque où il y avait du gibier partout, et où le premier chien venu, pourvu qu'il fût docile, était suffisant.

Les temps sont bien changés!

LE LAVERACK SETTER

Le *Laverack setter* est l'une des dernières créations, non pas la dernière, que l'on doit à ce génie particulier que possèdent les Anglais en matière de fabrication d'animaux.

Un des amateurs les plus éclairés et les plus férus de cette passion du chien, si étonnamment répandue de l'autre côté du détroit, l'honorable M. Laverack, est le créateur de ce bel épagneul, auquel il a laissé son nom.

Sans critiquer en rien le chien dont il a enrichi la liste des chiens anglais, il me sera permis de faire une observation qu'approuveront, j'en suis certain, tous les amateurs qui ont sérieusement étudié les setters en général et le laverack setter en particulier.

La description de l'extérieur de ce chien fera mieux comprendre l'importance de cette observation.

Le laverack est habituellement de taille moyenne, fortement construit.

La tête est plutôt légère que lourde ; le museau ne se relève pas toujours autant que chez le setter noir, par exemple, dont la tête, quoique fine, est souvent très relevée. Cependant, quelques laveracks, sans avoir la tête très cassée comme certains setters irlandais de l'ancienne race, ont le nez franchement relevé. Ils ne sont pas non plus toujours aussi ramassés, aussi compactes si vous me passez le mot, que le type rêvé par le créateur de cette variété (1). On prétend que M. Laverack estimait particulière-

(1) Voir « Joke », du chenil de la *Chasse illustrée* (fig. 1).

ment ceux de ses élèves dont le nez était séparé au milieu par une légère dépression, bien moins accentuée, cela va sans dire, que cette affreuse gouttière qui sépare le nez de ces chiens sans race, qu'en France on a nommés *braques à deux nez*.

L'oreille est quelquefois plantée moins haut que chez la plupart des chiens anglais. M. Laverack préférait cette disposition, et lui-même a déclaré qu'il s'était efforcé de l'obtenir et de la fixer dans ses produits. Je le regrette, pour ma part, car c'est là un point par lequel le laverack setter s'éloigne de la construction ordinaire des chiens anglais, ce qui lui enlève un peu de cet air de famille que j'aurais voulu lui voir, et ce qui rapproche davantage sa physionomie de celle des races indécises. Ce même reproche du reste, peut être adressé aujourd'hui à bien des setters, la mode, ainsi que je l'ai expliqué, étant depuis plusieurs années, pour les oreilles longues et attachées au-dessous de la ligne de l'œil.

Encore une particularité, au sujet de l'oreille du laverack. En premier lieu, elle n'est pas toujours garnie de soies aussi longues que celles des autres setters; en second lieu, on estime davantage celle dont ces longues soies, au lieu de partir de l'ourlet même de l'oreille, sont disposées de chaque côté, laissant l'ourlet garni seulement de poils courts.

Le cou est fort et solide.

Les membres sont très musclés. L'épaule est fort bien faite, oblique et effacée. L'avant-bras, autrement dit l'humérus, est encore long, comme celui des pointers légers, des setters noirs, des setters irlandais.

C'est là un point très important dans la construction d'un chien dont la quête, très vive et très large, constitue une des plus précieuses qualités.

Les cuisses sont fortement jambonnées, les pattes sont nerveuses, les muscles et les tendons y font saillie, puissamment; les canons sont très courts.

Les pieds n'ont de remarquable que leur solidité; les ongles sont gros et forts : entre les doigts, les poils sont fournis et assez longs et poussent jusqu'en dessous de la patte : là, bien entendu, ils sont usés par la marche.

C'est le rein du laverack setter qui est le plus remarquable : très fort et

Fig. 1. — *JOKE, LAVERACK SETTER*, du chenil de la *Chasse illustrée*.

très large, souvent très court, légèrement arqué, il indique une vigueur exceptionnelle, et, en effet, le laverack est un des chiens les plus robustes et les plus vigoureux qui existent.

Le fouet est bien attaché et bon; mais, et c'est encore là un point regrettable, à mon sens, il n'est pas le même chez tous les laveracks. Ainsi, bien qu'il s'agisse d'animaux d'un pedigree également et parfaitement assuré, chez l'un, les soies qui le garnissent sont souples, légèrement ondulées, et tombent horizontalement; chez d'autres, elles s'enroulent autour du fouet, en tire-bouchon.

La couleur de la robe du laverack, non plus, n'est pas toujours identique, comme celle du setter irlandais, par exemple, ou du gordon, et aucune robe, que je sache, n'est plus estimée que l'autre par les amateurs les plus compétents. En ce qui me concerne, j'avoue n'avoir aucune préférence.

Certains laveracks sont marqués de taches noires sur un fond blanc moucheté de noir; c'est cette couleur qu'en Angleterre on nomme « blue belton ». D'autres sont blanc et orange, d'autres encore blanc et rouge, d'autres blanc et foie, d'autres blancs mouchetés de petites taches bleues (blue motled).

De tout ce qui précède, il résulte évidemment que ce n'est point là un chien qu'on peut classer sur la mine et que ce que doit rechercher celui qui veut un laverack, c'est la pureté de son origine, l'authenticité de son pedigree.

Cette diversité de couleurs, ces différences essentielles dans le pelage sont si marquées, que je me suis longtemps demandé si les laveracks constituaient à l'heure actuelle une race et que j'en suis arrivé à penser que le laverack n'est autre chose qu'un setter qui ne diffère pas des autres par des points essentiels. Il faut reconnaître du moins que, si l'extérieur du laverack varie, ses qualités restent toujours les mêmes et sont constamment à la hauteur de toute comparaison.

Donc, au point de vue physique, une vigueur exceptionnelle, une santé robuste, un tempérament de fer.

Les qualités de ce chien ne sont pas moins remarquables.

Il a une quête ardente, aussi vive peut-être que celle du pointer léger et du setter irlandais. Il est en même temps souple, docile, obéissant. Sa vitesse est extrême, et, si raide qu'il soit lancé, le moindre sentiment du gibier le cloue en place de même qu'un coup de sifflet l'arrête court ou le fait revenir. Je parle, bien entendu, d'un animal dressé.

Ce n'est pas là, du reste, une qualité particulière au laverack. J'ai vu des pointers du sang le plus violent, j'ai vu de splendides setters irlandais, ces derniers endiablés à leurs débuts, posséder la même docilité passive. Je suis certain que beaucoup d'autres que moi ont vu ou obtenu la même obéissance de leurs chiens : le tout est de savoir s'y prendre.

Il n'en est pas moins juste de constater que le laverack est très aisé à dresser et que son caractère se plie facilement à ce que son maître exige de lui à moins toutefois, que ce maître ne veuille exiger d'un animal de ce tempérament, qu'il quête dans les culottes comme un simple braque français.

Au point de vue de l'arrêt, il est parfait. Comme tous les chiens de haute race, il arrête tout seul, et l'affreux collier de force, auquel il faut si souvent avoir recours pour décider le plus grand nombre des chiens bâtards à conserver l'arrêt, le collier de force que les dresseurs anglais, les premiers dresseurs du monde, proscrivent absolument, ne peut trouver son emploi avec le laverack que pour calmer la violence et la rapidité de la quête de certains individus que leur ardeur emporte trop loin, à leurs débuts dans la carrière.

Quand je dis que l'emploi du collier de force est presque toujours inutile dans le dressage du laverack, j'entends que ce laverack aura le bonheur de posséder un maître qui entend la chasse et connaît les chiens.

J'ai un ami qui, dès que son chien rencontre, avant même qu'il ait marqué l'arrêt, ne manque jamais d'exciter l'ardeur de ce pauvre Pyrame par une foule d'encouragements :

— Allez, mon bonhomme; c'est bien, mon chien; après, après !

On n'agit pas autrement pour appuyer un chien courant. Aussi, mon ami a des chiens !!! Je n'ai pas besoin de vous en dire plus long.

Fig. 2. — *RACK*, SETTER LAVERACK du chenil de la *Chasse illustrée*.

Le laverack le plus pur, le pointer le plus naturellement ferme d'arrêt, n'échapperaient pas aux effets magnifiques de cette éducation-là.

Quand un chasseur possède un chien de grande race et que ce chien ne vaut rien, ce n'est pas le chien qu'il faut condamner, c'est son maître.

Donc, le laverack est aussi ferme qu'aucun chien d'arrêt. Mais ce n'est pas la seule qualité qu'il possède.

Sans être aussi fin de nez, peut-être.que le pointer, ce n'en est pas moins un chien de plaine excellent. Mais je dois dire toute ma pensée : jamais je n'ai vu aucun chien, d'aucune race, de taille à rivaliser, pour la chasse en plaine, avec quelques pointers, si ce n'est peut-être un ou deux setters, dont les mérites sous ce rapport étaient tout à fait exceptionnels.

Je l'ai déjà constaté, je crois, à propos du pointer; mais, s'il est des vérités qu'il est bon de taire, il en est d'autres qu'on ne saurait trop répéter, et celle-ci est du nombre.

Il n'en faut pas moins reconnaître que le laverack est un chien très remarquable par la rapidité de sa quête, la finesse de son odorat et sa docilité. Le seul reproche que, j'adresserais à certains individus de cette variété (et encore suis-je loin de prétendre que ce reproche doive englober tous les sujets de cette race excellente) serait donc de n'avoir pas toujours le nez aussi haut que le pointer et le setter irlandais. Cependant parmi les laverack que possède le chenil de la *Chasse illustrée*, il en est plusieurs qui, chassant exclusivement en plaine, y montrent, au même degré que le pointer, ces qualités de finesse de nez, de quête très haute, très au vent, que j'apprécie tant.

Il est certains chiens de grande race qui se dressent tout seuls et dont on pourrait dire, sans trop d'exagération, qu'ils naissent tout dressés. J'ai vu tout récemment, je puis même dire, sans trop de vanité, que j'ai fait faire ses débuts à une jeune chienne pointer qui, dès le premier jour où je l'ai mise en plaine, a chassé comme je souhaite de chasser à bien des bâtards dressés et redressés pendant plusieurs années consécutives. Je puis dire ceci par exemple, que je n'ai jamais vu cette jeune héroïne forcer un arrêt. Ce n'est pas la seule bête de même mérite que j'aie eu l'occasion d'admirer, et c'est surtout dans les chiens de haute race qu'il est permis d'espérer rencontrer de ces sujets-là.

Eh bien, le setter laverack, tout en possédant cette ardeur de quête, ces actions grandes et rapides dont je vous ai parlé, possède en même temps une sagesse naturelle qui rend facile et rapide son éducation au bois. Il y conserve les qualités qui le distinguent en plaine, c'est-à-dire qu'il y est actif, que sa quête, en se restreignant, ne semble pas s'y ralentir. Quand on l'a bien *dans la main*, quand il a acquis l'expérience, dont les chiens ont besoin comme les hommes, il bat et rebat le terrain autour de son maître, sans se lasser, obéissant à un besoin de nature qui lui rend le mouvement nécessaire ; il n'a point peur de se piquer la peau et passe partout ; les grandes bruyères qui encombrent jusqu'aux fossés d'assainissement de certains bois ne le fatiguent pas plus que ne l'arrêtent les ronciers et les fourrés d'épines ; il est à la fois entreprenant, tenace et très vigoureux. Ajoutez à cela sa passion pour la chasse et, je le répète encore, la souplesse de son caractère, et vous aurez à peu près l'ensemble des mérites qui constituent le bagage physique et moral d'un bon laverack.

Il est certain qu'un chien possédant ces qualités se présentait dans des conditions particulièrement favorables pour la chasse à l'eau : l'épreuve a pleinement confirmé la confiance qu'avaient mise en lui ceux qui, ont besoin d'un chien à tout faire comme c'est le cas en France pour le plus grand nombre des chasseurs.

La solide santé du laverack résiste admirablement aux rigueurs de la chasse à l'eau, et, sous ce rapport, il offre un fonds de résistance comparable à celle du setter irlandais et, je le crois, supérieure à celle de certains gordon, qui cependant, quoi qu'en aient dit ceux qui n'ont connu le gordon que par d'indignes bâtards, est doué sous ce rapport d'un véritable mérite.

Non seulement le tempérament robuste, mais la vigueur exceptionnelle de ce chien lui permettent d'affronter les fatigues d'une quête prolongée dans les marais, et il faut convenir que, à moins d'être rompus à cette chasse, comme certains chiens de pays, pour lesquels l'eau semble un élément naturel, qui, par droit de naissance, barbottent journellement dans la vase et

Fig. 3. — LE LAVERACK SETTER.

dans l'eau, à la poursuite de tout le monde aquatique, débutant par l'insecte et la grenouille et montant graduellement jusqu'au gibier, il faut convenir, dis-je, que tous les chiens de race ne sont pas également propres à supporter les rudes fatigues et n'ont pas la rusticité de tempérament nécessaire pour résister aux immersions prolongées, aux refroidissements mille fois répétés qui sont l'ordinaire journalier des chiens chassant habituellement au marais.

Beaucoup de races, et des meilleures, succombent sous le faix, et c'est là que trouve sa place une observation importante que j'ai déjà signalée, et sur laquelle il ne faut pas hésiter à revenir.

Si quelques chiens anglais directement importés en France se montrent parfois réfractaires à certaines aptitudes, si quelques-uns, par exemple, ne supportent pas sans accidents les fatigues prolongées de chasses à l'eau régulièrement répétées, il n'en est pas de même de leurs produits, et l'on a constaté partout et à maintes reprises, dans des conditions très diverses, que les produits des chiens importés possédaient des aptitudes, autrement favorables que leurs ascendants, aux conditions de la chasse à laquelle ces ascendants avaient été astreints, non quelquefois sans accidents.

Il en est ainsi pour le setter irlandais rouge, ainsi pour le gordon, ainsi surtout pour le pointer, qui, n'étant pas, à juste titre, considéré comme un chien apte à la chasse au marais, a donné naissance, en France, à des chiens qui supportaient cette chasse sans autres accidents que ceux qui atteignent tous ou presque tous les chiens chassant régulièrement à l'eau. On dirait que les reproducteurs, en s'acclimatant dans le pays où ils sont appelés à pratiquer, y acquièrent des facultés particulières qui leur permettent de transmettre à leurs descendants les qualités qui leur manquent.

On a vu là une influence du climat, de la pratique habituelle, quelquefois même exclusive, de la chasse particulière à laquelle ils sont employés. Est-ce là la véritable cause, ou faut-il en chercher une autre? Je ne sais; toujours est-il que cette observation singulière est rigoureusement exacte. Il est possible que je sois le premier à la signaler, mais je ne suis pas le seul qui l'ait faite, et je pourrais invoquer plusieurs témoignages d'amateurs distingués, entre autres celui de M. Fabre de Montaubérou, dont j'ai déjà eu l'occasion de citer le nom, et qui a constaté les effets que je signale chez les produits de setters irlandais directement importés.

Pour ce qui concerne le laverack, et puisque nous en sommes à la chasse à l'eau, on peut donc dire que, chez lui, cette aptitude est quasi naturelle et ne semble pas avoir à « s'acclimater ». Tout au contraire, son extrême vigueur, son ardeur et, comme je l'ai déjà dit, son tempérament robuste le disposent merveilleusement pour cette chasse, qui, bien souvent, est une lutte perpétuelle contre des obstacles difficiles, contre des fatigues énormes. A plus forte raison, les produits des laverack doivent-ils se plier facilement à cette destination, la plus dure de toutes.

Quand il vous a parlé du griffon, je crois, mon collaborateur et ami M. de Cherville vous a dit que, dans sa pensée, c'était une erreur de croire que telle race de chiens convenait à telle chasse, telle autre race à une chasse différente, que c'était une erreur de dire que le griffon excellait au fourré, le braque en plaine et l'épagneul à l'eau. Il vous a dit que l'éducation donnait au chien des qualités qu'on lui refusait habituellement et bien à la légère. Il vous a dit que la pratique donnait des démentis journaliers à ces prétendues aptitudes spéciales et exclusives. C'est l'avis d'autres praticiens auxquels on ne reprochera pas d'avoir fait leur éducation cynégétique dans un fauteuil, au coin du feu et avec des livres; s'il m'est permis de le dire à mon tour, c'est aussi mon avis.

Quelle que soit à cet égard votre opinion, il est une vérité que je me considère comme obligé de constater en ce qui concerne le laverack : c'est qu'aucun chien ne semble réunir à un plus haut degré les qualités qu'il faut pour trouver son emploi en France et y rendre des services multiples.

Je l'ai dit et je le répète, le seul reproche que je fasse au laverack setter, c'est de ne pas se présenter régulièrement avec un type identique, c'est de ne pas toujours se ressembler à lui-même. Un amateur fort distingué de Hanovre, avec lequel j'ai eu le plaisir et l'avantage d'entrer en relations précisément à propos du laverack, possède une chienne pure dont les soies s'enroulent autour de la queue. L'un des types que je présente

Fig. 4. — *MARMION, LAVERACK SETTER*, du chenil de la *Chasse illustrée*.

LONACH, LAVERACK SETTER, du chenil de la *Chasse illustrée*.

à mes lecteurs, et qui se rapproche beaucoup de celui du fameux « Pride of the Border » (fig. 3), le plus célèbre des laveracks, ce type n'a pas les soies frisées, mais à peine ondulées et tombant perpendiculairement. « Pride of the Border » lui-même, un chien cent fois primé, vainqueur à tous les concours, et qui a donné des produits splendides, « Pride of the Border » avait aussi les soies ondulées et non frisées en tire-bouchon; il a aussi le fouet court, ce que je prise et estime infiniment; or, tous les laverack setters ne sont pas aussi bien fouettés, et quelques laveracks ont des fouets d'une longueur... que je déplore.

« Rake » (fig. 2), appartenant au même chenil, est également un pur Laverack, petit neveu de « Lonack » (fig. 5); il est blanc et orange et rien extérieurement n'indique qu'il est de même sang; de même pour « Rose of Devon » (fig. 6), pure laverack, une des plus belles lices que je connaisse, un des meilleurs chiens que j'aie pratiqués; de même pour « Joke ». Cette observation peut s'appliquer à tous les laveracks.

On peut donc dire que le laverack manque de cet air de famille qui distingue les races bien fixées. Il suffit au lecteur, de jeter les yeux sur les dessins qui accompagnent cette étude, pour reconnaître la vérité de cette observation, et tous remarqueront, sans qu'il soit besoin d'insister, la différence qui existe entre « Lonach » Joke (fig. 1), et Marmion (fig. 4), entre « Rake » et « Rose of Devon ».

Pour moi, le laverack n'est pas une race, comme le setter irlandais ou le gordon; le laverack est tout bonnement un *setter*, et il suffit de le voir pour prédire qu'il ne vivra pas.

Le créateur de ces chiens excellents ne s'est pas, en effet, attaché à fixer un type : il a surtout visé les qualités.

Avec un grand savoir et une persévérance étonnante, M. Laverack a voulu porter à leur quintessence les facultés de chasse recherchées par ses compatriotes, et si l'on peut dire qu'il a obtenu en ce sens de grands et légitimes succès, il est permis de regretter qu'il ne soit pas parvenu à fixer également un type unique, auquel on puisse reconnaître le chien auquel il a laisssé son nom.

Tous les gordon setters se ressemblent, au moins par la couleur; or on peut dire sans crainte de se tromper que le laverack ne se ressemble pas à lui-même, et cette seule diversité de robes laisse la porte ouverte à bien des erreurs.

Donc, à celui qui, justement séduit par les qualités exceptionnelles de ce chien, désire se procurer un laverack, je dirai, sûr de bien dire ou du moins de donner un conseil d'ami :

— Ouvrez l'œil, mon cher confrère, et n'achetez qu'à bon escient. Il n'est pas de chien sur lequel il soit plus facile de se laisser tromper. Vous n'aurez jamais assez de preuves, de titres, de parchemins, à l'appui de la pureté de votre laverack.

Fig. 6. — *ROSE OF DEVON*, LAVERACK SETTER, du chenil de la *Chasse illustrée*.

LE GORDON SETTER

Le setter Gordon est, sans contredit, l'un des animaux les plus séduisants qu'ait produit le génie de nos voisins.

Noire et feu, la robe de ce magnifique chien est une des plus brillantes que je connaisse.

Son poil luisant brille au soleil et lance, par places, des reflets d'acier; le fond est d'un noir chaud et profond.

Le dessus des yeux, le devant des jambes, les pattes, le dessous du fouet, près de sa naissance, sont rouges ou, mieux, d'un ton fauve très chaud.

Sur le museau, sur les joues, le poil est fin, de même que sur le front. Quelquefois, vers le haut du front, quelques longs poils, très longs, suivent la forme de la tête et se retournent en arrière vers le cou. Mais ce n'est pas là, je crois, une particularité recommandable et, en ce qui me concerne, je la tiens pour suspecte. Passons donc.

A l'origine la tête du setter gordon affectait un peu la forme de celle de l'ancien setter irlandais; le front était haut et large le museau cassé, l'oreille courte (voir fig. 1).

Aujourd'hui, comme pour le setter irlandais la mode a modifié ce type et les gordons auxquels est donnée la préférence dans les expositions ont le front relativement bas et le museau plus fin et plus allongé.

L'œil est fauve,

L'oreille est habituellement de longueur moyenne; souvent attachée un peu haut, comme chez la plupart des chiens anglais, et garnie de poils ondulés et se groupant par petites masses.

Mais, ici encore, la mode est venue modifier peu à peu le type primitif et aujourd'hui la préférence semble acquise aux chiens chez lesquels l'oreille est longue et attachée au-dessous de la ligne de l'œil.

Le cou est solide, vigoureusement musclé.

Le rein est fort, large et vigoureux : ce sont, comme on dit, des chiens biens râblés.

Les côtes, plus plates que celles du pointer, descendent au sternum, formant un corsage profond, où le jeu des poumons se fait à l'aise.

La poitrine est large en même temps, toutefois sans exagération.

L'épaule est solidement musclée, pas très oblique.

La cuisse est de longueur moyenne, très bien jambonnée.

Les pattes sont sèches, fortes et fines à la fois.

Le pied est très joli, très élégant et en même temps très solide; et cette jolie couleur fauve, dont il est chaussé, ne contribue pas peu à lui donner un cachet de distinction remarquable; entre les doigts poussent de longs poils de nuance plus claire.

Le fouet est court, fort à l'origine, fin à l'extrémité. Les soies qui le garnissent vont en diminuant de longueur vers le bout; c'est au milieu qu'elles sont le plus longues. J'ai déjà dit que celles qui partent de la naissance, celles de dessous, bien entendu, sont fauves, mais d'un ton plus clair, moins chaud que le poil du devant des pattes.

Le setter gordon constitue une des plus jolies variétés parmi les épagneuls connus. C'est un chien à la fois élégant et robuste; cela est écrit en toutes lettres sur sa personne, et il suffit de le voir pour le deviner.

On a beaucoup disputé sur la question de savoir si quelques poils blancs dans la robe du gordon suffisent à le disqualifier.

Il n'y a pas le moindre doute que les setters gordon du sang le plus pur naissent souvent avec une marque blanche à la poitrine ou sous le ventre, voire aux doigts. Je connais des gordons, cent fois primés en Angle-

Fig. 1. — LE GORDON SETTER DE L'ANCIEN TYPE.

terre même, qui sont marqués de blanc au poitrail. Le pedigree de ces chiens est cependant pur de toute mésalliance.

Longtemps on a prétendu que les Anglais, jaloux de conserver pour eux seuls cette race précieuse, ne laissaient sortir de chez eux que des sujets tarés, et chez ces sujets tarés se retrouvaient toujours des taches blanches, soit aux pattes, soit au poitrail.

DAN III, GORDON SETTER, du chenil de la *Chasse illustrée*.

C'est là une de ces affirmations ridicules qui ne sont permises qu'à ceux qui parlent à tort et à travers, sans avoir rien appris.

La vérité est que les Anglais nous vendent parfaitement des gordons sans taches blanches. L'important, je le répète encore, est la pureté de la race et l'homme de chasse sérieux, celui qui veut tirer race de ses chiens, s'attachera avant tout à la valeur du pedigree, à l'antiquité de la généalogie.

Il est hors de doute qu'à l'origine de la création de cette race, beaucoup de gordons étaient largement marqués de blanc. C'est par une suite de sélections sévères que cette couleur a été peu à peu éliminée; mais, encore une fois, elle n'a pas disparu entièrement et parmi les sujets les plus distingués, parmi ceux dont le pedigree remonte sans mélange jusqu'aux chiens du duc de Gordon et du duc d'Argyll, la plupart conservent, ainsi que je l'ai dit, quelque marque blanche au poitrail.

De même, il peut se faire que le produit d'un croisement de gordon et d'un setter anglais noir, par exemple, n'ait pas un seul poil blanc. Il ne sera pourtant pas un gordon de pur sang.

C'est donc le pedigree qu'il faut étudier. C'est lui qui fait le gordon *pur* et non quelques poils blancs de plus ou de moins.

De même aussi, quelques amateurs, désireux d'infuser un sang plus chaud dans les veines de leurs chiens, ont eu recours à un croisement entre le gordon et le setter rouge d'Irlande. Le résultat a été des chiens plus fortement marqués de rouge que le gordon de pur sang.

Voici donc indiqués, aussi scrupuleusement qu'il m'a été possible de le faire, les caractères saillants qui distinguent l'extérieur du setter gordon, et j'ai cherché à bien préciser ces caractères dans les dessins qui accompagnent cette description.

Ce ne sont donc plus là les formes élancées du setter anglais noir, aux membres détachés; ce n'est pas non plus la fine élégance de certains setters anglais blanc et orange; c'est encore moins le setter irlandais. D'un modèle plus ramassé, plus solide qu'élégant, le gordon ne ressemble qu'à lui-même, de même que sa robe, invariablement noire et feu, n'a de similaire chez aucun autre épagneul.

Cette construction, dans laquelle manque parfois peut-être un peu de légèreté, mais qui, dans les beaux sujets, annonce la vigueur, indique que le gordon n'est pas taillé, autant que les chiens dont j'ai parlé plus haut, pour la grande quête, pour les grandes actions qui distinguent les pointers légers et quelques setters, et cependant ici encore, des sélections habiles ont donné à beaucoup de famille de gordon cette vitesse d'allures qu'apprécient tant nos voisins.

Donc, quoique très actif, son travail est souvent plus sage, moins emporté, si vous aimez mieux; mais sa quête n'en est pas moins vive et soutenue. Ce n'est donc pas l'ardeur qui manque à certains sujets, mais parfois les moyens.

Cependant, ceci, je le répète, ne doit pas être pris dans un sens trop absolu, car quelques gordons se montrent à la fois rapides et résistants à la fatigue, et j'en connais plus d'un qui sous ce double rapport ne cèdent guère au pointer ou au laverack.

Je puis donc dire que, bien qu'il se montre infiniment plus énergique que nos anciens chiens de race française, le gordon, dans une certaine mesure, est un chien qui semble créé et mis au monde pour ceux qui regrettent la perte des races que nous avons laissé disparaître, le vieux braque et l'épagneul français.

Quand je dis que ce chien peut consoler de l'épagneul français, je ne vais pas jusqu'au bout de ma pensée, car, à mon gré, le setter gordon possède des qualités tout à fait supérieures à celles de l'ami de nos pères.

Pour ne parler que de la finesse de son odorat, elle est incontestablement plus développée; mais comme je veux être impartial, je n'omettrai pas de constater que, sans être aussi endiablé que le setter rouge, par exemple, il est moins calme, peut-être moins docile, en un mot plus vivant, moins endormi que l'épagneul français. C'est encore un défaut de nature; c'est le sang qui parle.

Que l'épagneul français ait pu rendre autrefois de très utiles services, cela n'est pas douteux, et je suis le premier à le reconnaître; qu'il soit apte encore, à l'heure où j'écris, à se distinguer dans des tirés giboyeux, où sa souplesse, la sagesse de sa quête, peuvent trouver leur emploi, je ne le nie point. L'épagneul français fouille bien le buisson, ne s'éloigne pas de son maître quand il est bien dressé, il est en même temps très ferme, tout cela est vrai. Mais les moyens d'action et trop souvent le nez, dans bien des cas, lui font défaut, et je ne veux pas revenir sur ce que j'ai dit de l'importance d'une quête active dans tous les endroits où le gibier ne pullule point.

A cet égard du moins, je crois qu'aucun chasseur ne saurait contester ce que j'avance, et, si beaucoup de mes confrères refusent d'admettre les chiens à grandes allures, il me semble qu'aucun d'eux ne se refusera à reconnaître qu'un chien qui bat beaucoup sans trop s'écarter vaut mieux qu'un chien qui ne bat pas du tout, pour ainsi dire, après quelques heures de chasse. Or, c'est le cas de l'épagneul français, au moins dans le temps de la primeur.

A ceux donc qui, tout en regrettant le manque de fonds et d'énergie de l'épagneul français, tiennent absolument à posséder un collaborateur susceptible de prendre une quête relativement courte, à ceux qui ne veulent pas de ces batteurs d'estrade dont j'ai parlé, pointers et setters anglais et irlandais, je dirai : Le gordon fera votre affaire.

Vous aurez un chien actif, énergique sans être emporté, vigoureux sans excès, facile à rompre à l'obéissance, un chien dont vous parviendrez sans trop de peine à raccourcir et à régler la quête, un chien possédant un bon nez et arrêtant parfaitement.

Il me semble que voilà un ensemble de qualités tout à fait recommandables.

J'avais l'honneur tout récemment de chasser avec un amateur des plus distingués, dont je connaissais de longue date la réputation méritée, M. W.....ton.

Passionné chasseur, M. W..... entretient à son château de *** une demi-douzaine de chiens d'arrêt, tous très soigneusement dressés, et que ses gardes entraînent rigoureusement pendant le mois qui précède l'ouverture.

Or, M. W..... me disait qu'il n'avait jamais vu ni possédé *de chien capable de fournir un bon travail pendant toute une journée d'ouverture!* A-t-il ajouté d'ouverture? Je n'en suis pas bien certain.

Et de fait, en sa qualité de chasseur du bon cru, le grand jour arrivé, M. W..... est sous les armes dès la première heure, j'entends dès l'heure où la chasse est véritablement possible, et non dès les premières lueurs du crépuscule.

Fig. 2. — *MYRRHE*, SETTER GORDON, lice du chenil de la *Chasse illustrée*.

A six heures, par exemple, M. W..... se met en chasse avec deux chiens; à dix heures, ces chiens sont remis en laisse, rentrés au chenil et remplacés par deux autres qui travaillent de midi à trois heures; à trois heures, deux autres chiens sont encore amenés à leur maître pour finir la journée.

Je me rappelle fort bien qu'à l'époque où mon père n'avait que des chiens français, il était obligé d'opérer de la même façon.

Ainsi, voilà un véritable amateur, un chasseur distingué dans la meilleure acception du mot, un homme auquel sa situation permet tous les luxes, qui vient déclarer aujourd'hui, en l'an de grâce 1880, qu'il n'a jamais vu de chien capable de soutenir un travail régulier pendant une seule journée!

Que répondre à cela?

Mes lecteurs ne me pardonneraient pas de revenir encore une fois sur tout ce que j'ai dit à cet égard, mais il faut bien reconnaître que la situation de M. W..... n'est pas unique et que le plus grand nombre des chasseurs sont affublés de chiens dont la plupart justifient et au delà cette étonnante opinion d'un des amateurs de chasse les plus passionnés qui existent en France.

Combien d'heures, en effet, soutiennent leur quête les trois quarts des chiens que vous pouvez contempler à l'œuvre un jour d'ouverture?

Dans les terres banales, et quand il s'agit d'amateurs pour lesquels la chasse constitue une lourde charge, passe encore : on comprend que tous ne puissent se payer le luxe d'un auxiliaire sérieux. Mais, dans le cas dont je parle, que dire?

Tout simplement ce que j'ai déjà expliqué dix fois et ce que personne ne veut admettre : c'est que la plupart des auxiliaires du chasseur français n'ont du chien de chasse que le nom, que la couleur ou la taille, mais qu'ils n'ont que cela. Ils font ce qu'ils peuvent, et ce qu'ils peuvent... M. W..... s'est chargé de vous le dire.

Je le répète, dans les neuf dixièmes des cas, c'est la vérité.

Or, et je vous le demande à vous-même, qu'est-ce, pour le commun des chasseurs, qu'un chien qui ne peut fournir une journée de bonne chasse?

En conscience, ce n'est qu'en hésitant que j'ai osé reproduire cette étrange affirmation, et, si je m'y suis déterminé, c'est uniquement pour montrer à quel point sont déchus les chiens qu'entretiennent encore aujourd'hui des amateurs sérieux, auxquels il ne manque que d'avoir vu de véritables chiens pour renoncer aux pauvres animaux dont ils constatent eux-mêmes la déplorable insuffisance.

Que penseront, en effet, de cette opinion ceux qui ont pratiqué les pointers, quelques setters anglais, les setters irlandais? Certes on ne trouvera, pour la partager, que ceux qui ont cherché leurs collaborateurs sans souci de la race, que ceux qui, sans se préoccuper de la pureté des ascendants, se seront affublés d'un jeune chien uniquement par cette raison qu'on leur a affirmé que le père et la mère étaient excellents.

On ne saurait trop répéter à ceux-là que la seule garantie que puisse présenter un jeune chien réside dans la pureté de son origine; que son père et sa mère ont beau être magnifiques et parfaits, s'ils sont entachés de bâtardise, ils peuvent donner naissance à des produits qui ne posséderont rien de leurs qualités; on peut leur dire en somme, que, dans les chiens sans race, le nez, la quête, le fond, c'est-à-dire les qualités morales et pratiques, ne sont que des accidents, tandis que ces mêmes qualités existent naturellement et régulièrement chez les sujets provenant des races pures. Ajoutez à cela cette autre vérité qu'un sujet de grande race rendra toujours au centuple si vous lui prodiguez les mêmes soins, qu'il se montrera, dans tous les cas et dans toutes les circonstances, incomparablement supérieur à un bâtard, s'il a reçu la même éducation, s'il a été dressé par un maître également habile, et vous comprendrez que je n'insiste pas, que je laisse à M. W..... son opinion et que j'en revienne vite à notre gordon.

Beaucoup d'amateurs reprochent à ce chien une certaine faiblesse dans l'arrière-main, faiblesse qui nuit considérablement à l'énergie de sa quête.

Sans doute, il existe des gordons chez lesquels ce défaut est trop accentué, mais ce sont là des animaux à réformer.

Un beau gordon n'a pas la cuisse plate et faible; il est, au contraire, très bien jambonné, et des muscles puissants font saillie dès le col du fémur; le jarret seul n'est peut-être pas assez large, ce qui lui donne moins de ressort qu'au pointer, par exemple, au setter anglais ou irlandais.

Mais tous les gordons, je le répète encore, ne sont pas des chiens de très grande quête; le gordon est un chien d'allure vive, actif, résistant, mais auquel il ne faut pas demander (du moins à tous les sujets) ces grandes actions si brillantes du pointer léger. Le setter gordon est un chien, non pas plus calme peut-être que le pointer, car l'ardeur ne lui manque point, mais, sauf quelques exceptions, c'est un de ces chiens dont il est convenu de dire (bien à tort, à mon gré) qu'ils vont mieux à un chasseur sur le retour, qui compte ses pas, qu'à un de ces intrépides marcheurs que rien n'arrête. A mon sens, moins un chasseur a de jambes, plus il a besoin d'avoir un chien actif et entreprenant.

Il est moins fatigant d'aller tout droit à 200 mètres sous l'arrêt d'un chien à grande quête, que de faire ce même chemin en croisant le terrain derrière un chien court.

Je n'ai pas la prétention de dire une nouveauté; le plus court chemin d'un point à un autre sera toujours la ligne droite.

Le gordon va très bien au bois; il va très bien à l'eau aussi, et j'en connais un qui plonge sans y être forcé par l'entrain de la chasse, pour son agrément personnel.

Mais, comme tous les chiens de noble race et quoique le gordon puisse être cité comme un chien très facile à mener, il cède quelquefois à l'ardeur de son tempérament; il n'a pas tout de suite autant de rappel que ces braves toutous, pour lesquels la quête est un devoir plutôt qu'un plaisir, la chasse un travail plutôt qu'une passion. Cela n'est rien, et l'éducation a bien vite raison de ces velléités d'indépendance, qui sont loin d'avoir la violence, l'emportement et la durée de celles du setter irlandais.

Non seulement le gordon est naturellement plus doux, plus calme, mais, le voulût-il, les moyens manqueraient à plus d'un sujet.

C'est donc là un chien qui convient admirablement à ceux qui ne veulent pas de ces auxiliaires au tempérament de feu, aux jarrets de lévrier, dont j'ai décrit les allures. C'est un chien de plaine et de bois, qui n'est pas trop sensible à la chaleur, et qui se montre incomparablement plus résistant à ses effets que l'ancien épagneul français ; c'est un chien qui buissonne bien, et dont les aptitudes se prêtent parfaitement à la quête dans les taillis, dans les grandes herbes.

Je le répète, le gordon aime l'eau et y chasse volontiers. Y résiste-t-il aussi bien que le setter rouge? Je n'oserais l'affirmer, bien que ce soit un chien rustique et de santé robuste : j'ai vu plusieurs gordons, dans la vigueur de l'âge, affectés de rhumatismes contractés au marais. Il est vrai que ceux-là y chassaient, pour ainsi dire, exclusivement dès la fin du mois d'octobre. Or, j'affirme, par expérience, que bien d'autres chiens des races françaises les plus réputées pour leurs dispositions naturelles à chasser à l'eau y contractent également les infirmités qui, sauf de rares exceptions, atteignent tôt ou tard les chiens qui chassent constamment à l'eau : bronchites, douleurs rhumatismales, surdité et le reste.

Ce qui précède démontre une fois de plus combien les Anglais ont su modifier le chien selon leurs convenances. Ils ont tout : ils possèdent des chiens d'une incomparable ardeur, ils en ont de plus calmes, ils en ont de rapides, d'autres lents, ils en ont de grands et de petits; mais le point qu'ils n'ont jamais négligé, celui auquel ils semblent avoir attaché une importance capitale, c'est la finesse de l'odorat. Tous les chiens anglais, à quelque race qu'ils appartiennent, sont remarquables sous ce rapport, non pas que toutes les races anglaises possèdent une égale finesse de nez, mais, du moins, aucune ne peut être taxée d'insuffisance.

Si je disais mon opinion tout entière, je déclarerais sans hésiter que le développement du sens de l'odorat m'a semblé toujours d'autant plus accentué que les actions sont plus larges, la quête plus ardente et plus haute. Je crois que tous les chasseurs qui ont pratiqué les chiens anglais seront de mon avis.

Je demande la permission de raconter une petite anecdote à l'appui de ce que j'ai dit tant de fois à propos des chiens à grande quête.

Il s'agit d'un gordon, je suis donc dans mon sujet.

C'était l'année dernière, à l'ouverture. Nous étions, trois amis et moi, conviés à chasser par l'aimable propriétaire du château de la G... Quatre chiens nous accompagnaient; une chienne braque sans race, une chienne épagneule, également sans race, une autre chienne, encore jeune, provenant du croisement d'un setter gordon et d'un pointer, et enfin *Dan III*, setter gordon de pur sang du chenil de la *Chasse illustrée*.

Nous allions entrer dans une remise de luzerne détachée de la propriété, et qu'on appelle les *vingt-deux arpents*. Cette remise est précédée d'un pré de quelques hectares, et, pour entrer dans ce pré, il fallait franchir un fossé assez large. J'étais déjà passé et j'offrais galamment la main à ceux de mes compagnons qui croyaient avoir besoin d'un peu d'aide. Pendant cette petite opération, que vous voyez d'ici, *Dan*, sans doute guidé par son nez, s'était éloigné et en me retournant je l'aperçus en arrêt à une centaine de mètres sur la gauche, le long d'une haie.

Quelques-uns de mes amis m'ont beaucoup plaisanté sur ma passion pour les chiens à grandes actions, pour les chiens au cœur généreux qui vont chercher et trouver le gibier ailleurs que sous les semelles de leurs maîtres; je profitai donc de l'occasion :

— Voyez, messieurs, dis-je, ces coquins de chiens anglais! Que diable *Dan* est-il allé faire là-bas? Ce n'est pas notre chemin.

— Mais il est en arrêt! dit un de nos amis.

— Sans doute, il est en arrêt, mais il a tort d'être en arrêt; personne ne le lui a demandé.

— Allons-y toujours, répliqua-t-on en chœur.

— Allez-y, messieurs, ripostai-je.

C'était un vieux coq, que maître *Dan* était allé dénicher là. L'oiseau partit et fut peloté dans toutes les règles.

— Coquins de chiens anglais! m'écriai-je.

Et l'un des gardes ramassa le faisan.

Nous nous mîmes en ligne dans cette fameuse luzerne ; les trois chiens de mes compagnons trottinaient à vingt pas devant eux et *Dan* faisait sa besogne habituelle. Au bout d'un instant, nouvel arrêt. C'est encore *Dan!*

— Diables de chiens anglais, va!

Mon voisin, M. Paul K..., de Mulhouse, arrive, un coq se lève, et, démonté du fouet de l'aile, va tomber dans le jardin d'une petite ferme, où les gardes vont le chercher, pendant que nous restons sur place. A la G... on chasse méthodiquement, comme en Angleterre.

Au bout d'un moment, ils reviennent avec le faisan et nous nous remettons en marche, *Dan* battant à lui seul tout le terrain compris devant la ligne des chasseurs. Une perdrix se lève hors de portée.

— Votre chien va trop loin, me dit un de ces messieurs qui pourtant connaît, pour l'avoir cent fois admirée, la prudence et la finesse du nez de maître *Dan!*

Je ne riposte pas, résolu de pousser jusqu'au bout l'expérience. Aussi bien, je n'avais pas eu le temps de rappeler à l'ordre ce terrible animal qu'il tombait de nouveau immobile devant mon voisin de droite, l'aimable M. Émile C...

— Allez-y, lui dis-je, et je fais signe à Paul K... de se joindre à notre ami. Puis j'ajoute : « Ce pourrait bien être un lièvre. »

Ces messieurs approchent, le lièvre part, est salué de quatre coups de fusils, et tire de long, sans que le chien ait fait un mouvement. Pardonnez-moi, mes amis, tout le monde manque un lièvre et moi tout le premier.

Notez que pendant tout ce temps les chiens de nos compagnons s'escrimaient de leur mieux, sans rien rencontrer.

Nous reprenons notre marche et *Dan* sa quête. Encore un arrêt. C'est encore *Dan* !

— Quels abominables chiens que ces chiens anglais!

Et j'invite M. C... à aller servir le coquin.

Deux faisans se lèvent, qui donnent à notre ami l'occasion de faire son premier doublé sur des faisans.

Nous avions à parcourir cent cinquante ou deux cents mètres avant d'arriver à l'extrémité de cette pièce de luzerne qui de ce côté est bordée par une haie, et tout en battant consciencieusement son terrain, en croisant devant nous,

Dan, qui ne trouvait rien, s'éloignait toujours davantage. Tous ceux qui ont pratiqué le chien anglais connaissent cette tactique constante des chiens dont l'éducation est complète.

J'admirais donc ce merveilleux travail d'un des meilleurs chiens que j'aie jamais connus et je regardais la mine piteuse de ces pauvres bêtes qui trottinaient toujours le nez bas, sans rien trouver, hélas! quand je fus rappelé aux choses de ce monde par un de ces messieurs qui me répète une fois encore.

— Votre chien va trop loin, il va nous empêcher de tirer.

Il va nous empêcher de tirer? C'était trop fort!

Je rappelai *Dan*, lui passai la laisse au col; en vérité, je lui aurais demandé pardon s'il avait pu me comprendre; puis, mettant mon fusil sur l'épaule, je regardai faire mes amis.

Comme de juste, ils battirent en conscience, avec leurs chiens et les gardes, le reste de la luzerne où *Dan* était déjà passé; puis ils arrivèrent sur le terrain qu'avait aussi exploré le nez de mon pauvre camarade, et tout naturellement..... ils ne levèrent rien.

Nous redescendîmes ensemble la luzerne pour reprendre à bon vent la seconde partie de cette remise, où personne n'avait mis les pieds, et nous nous espaçâmes en ligne, comme précédemment.

— Vous pouvez laisser aller *Dan*, me dit alors notre hôte.

— *Dan* ne chassera plus, mon cher ami, répondis-je.

Et je marchai le long de la route, le fusil sur l'épaule, suivant d'ailleurs la manœuvre de ces messieurs. Nous étions encore fort éloignés de l'extrémité de cette luzerne, les chiens de mes compagnons trottant à dix pas devant eux, quand une compagnie de perdreaux se leva à cent cinquante ou deux cents mètres de nous.

— Voyez-vous comme ces chiens anglais font partir le gibier? m'écriai-je à mon tour. Il n'y a pas moyen de chasser avec ces brigands-là. Notez que *Dan* était en laisse, à ma ceinture!

Tout ce que je viens de dire est l'expression la plus exacte de la vérité. Comment, quatre chasseurs et quatre chiens entrent *en même temps*, dans *le même champ de luzerne, dans les mêmes conditions ;* c'est le même chien qui fait tirer les seules pièces de gibier qui se trouvent dans ce champ, et c'est celui-là qu'on condamne !

Ce qui, partout ailleurs qu'en France, est considéré comme une qualité nous prétendrions que cela est un défaut !

Allons donc !

Le jour où les expositions seront suivies de *field's trials*, où les chiens montreront sur le terrain ce qu'ils peuvent et ce qu'ils valent, il n'y aura pas de routine ni de théories qui tiennent, et l'écrasante supériorité des animaux dont je parle, que je ne me lasserai jamais de recommander ; cette supériorité, *avec des chiens bien dressés*, ne pourra plus être contestée... que par ceux qui ne voudront pas voir et se refuseront à assister aux expériences.

C'EST BIEN, MON BEAU !

LE SETTER IRLANDAIS ROUGE

(*Red Irish setter*).

Nous voici en présence d'un des plus remarquables, à mon avis, de tous les setters, le *setter irlandais rouge*.

Voulant à tout prix être vrai, je déclare, dès à présent, à tous ceux qui aiment les chiens sages, froids, tranquilles, qu'ils n'ont rien à espérer d'un gaillard de cette trempe.

Le setter irlandais, en effet, ne convient pas au premier chasseur venu ; comme au pointer léger, il faut au setter irlandais un théâtre digne de lui. Au physique, c'est une bête ayant la résistance du fer, au moral un tempérament de feu.

De cette couleur fauve tirant sur le rouge, d'un ton chaud et profond à la fois, qu'il serait plus aisé au peintre de reproduire qu'à l'écrivain de préciser bien exactement, le setter rouge, à ce seul point de vue de la robe, est, avec le pointer fauve, un des chiens les plus séduisants à l'œil du véritable amateur.

Mais la robe n'est pas tout.

Quelle noblesse dans l'attitude, quelle fierté dans le port, quelle assurance dans le regard, et quel feu, quand ce regard s'anime ! Comme ce chien-là dit bien ce qu'on peut attendre de lui !

Donc, que les amis des douces câlineries, des gentillesses de salon, détournent la tête : le setter irlandais n'est point fait pour eux.

Non pas, entendez-le bien, qu'il ne soit susceptible, comme tous les chiens, d'un attachement fidèle, d'un dévouement absolu à son maître; mais ce chien-là n'est pas fait pour parader complaisamment sur les tapis moelleux de nos demeures, pour se contenter des discrètes caresses d'une main gantée, pour jouer un rôle aimable dans ces petites scènes intérieures qui sont la joie des chasseurs en chambre.

A vous qui aimez à trouver ces qualités jolies dans votre collaborateur ordinaire, je conseillerai de porter ailleurs vos tendresses.

Le setter irlandais est un chien de fer et d'acier; c'est un chien chez lequel la chasse est un besoin inné, j'entends la vraie chasse; c'est un animal auquel le chasseur rustique peut tout demander sans crainte de jamais dépasser la mesure; c'est un chien qui pourra user une demi-douzaine de chasseurs paisibles, mais dont l'ardeur et l'énergie ne s'useront jamais qu'avec les forces, on pourrait presque dire qu'avec la vie.

En somme, c'est un chien qui chassera jusqu'au bout, partout, toujours, sans jamais compter, avec une passion emportée, que je n'ai vue développée au même degré que chez certains pointers légers, dont l'intrépidité et la résistance sont véritablement merveilleuses.

Ce que les setters rouges ont causé de tablature à divers amateurs de ma connaissance, je ne vous le dirai point; qu'il me suffise de répéter que ceux dont les préférences sont pour la chasse froide, bien calme et bien réglée, feront sagement en n'abordant pas la carrière en compagnie d'un auxiliaire dont tous les instincts sont opposés à cette excellente méthode classique, qui consiste à explorer tranquillement chaque touffe d'herbe, chaque motte de terre, chaque parcelle de terrain, à diviser leur quête patiente en mètres carrés.

Je ne voudrais pas que cette observation fût prise dans un sens absolument défavorable au système préconisé à l'époque où chassaient nos pères. Non, certes, mon intention n'est point de critiquer ce qu'on faisait autrefois. En ce temps-là le système avait du bon : je l'ai déjà dit, le gibier était partout abondant, les chasseurs étaient rares, les moyens de transport étant difficiles le braconnage était forcément localisé. Le progrès et les chemins de fer ont changé tout cela : tout le monde chasse

Fig. 1. — ION, SETTER IRLANDAIS ROUGE, appartenant à M. Paul Caillard.

aujourd'hui; dans une commune qui comptait deux chasseurs il y a vingt ans, on compte aujourd'hui trente permis de chasse; le braconnage trouvant par la rapidité des trains de chemin de fer l'écoulement facile et assuré de ses rapines, le gibier a gagné en sauvagerie tout ce qu'il a perdu en quantité; partout et sans cesse poursuivi, il est devenu farouche, et, si ce n'est sur les réserves où il est l'objet d'une protection incessante, il est impossible de soutenir qu'aujourd'hui le système recommandé par les anciens maîtres puisse donner les mêmes résultats.

Je demande, en effet, ce que ferait dans la plupart des chasses celui qui suivrait le conseil de battre et de rebattre le terrain, déjà battu par une bande de chasseurs? Un jour d'ouverture, dans ces plaines où s'abattent des centaines de nemrods d'occasion, passe encore; parce qu'il s'agit de perdrix inconscientes la veille d'un danger qui leur tombe tout d'un coup des quatre points de l'horizon; oui, ce système a du bon *pour ce jour-là*, où vous avez affaire à de pauvres perdreaux, renvoyés de l'un à l'autre, dès l'aube du jour, relevés à chaque instant, divisés, affolés, ne sachant où donner de l'aile, où trouver un refuge; oui, là je conviens que dans de telles conditions en battant soigneusement le terrain, on ramassera du gibier sur lequel seront passés les étourdis; mais c'est une fête qui ne dure qu'un jour; mais, hors ce cas et sauf l'exception de ces chasses somptueuses que j'ai réservées tout à l'heure, je prétends que le chasseur qui s'obstinerait, sur le conseil des anciens auteurs, à battre et à rebattre son terrain, sous prétexte d'y trouver un gibier oublié par d'autres, perdrait son temps quatre-vingt-dix-neuf fois sur cent.

Essayez-en, si vous n'êtes point convaincu.

Je parle de la France, bien entendu.

Il ne faut donc pas s'attarder à regretter un passé qui ne reviendra plus, il ne faut donc pas s'obstiner à tenir pour bonne une pratique qui n'est plus de saison; il faut marcher de l'avant avec le gibier, puisque lui aussi est en progrès (progrès dont vous et moi, n'est-ce pas? nous serions bien passés), et aussi, permettez-moi de le dire, car c'est une bonne raison, il faut tenir compte de l'expérience qui nous démontre tous les jours que les plus habiles et les plus savants ne font plus aujourd'hui ce que faisaient nos pères ou ce qu'eux-mêmes faisaient jadis.

Passez-moi cette boutade, ami lecteur, et pardonnez-la-moi ; mon nouveau protégé, hélas ! n'en profitera point, si vous n'êtes pas convaincu par avance de la vérité de mon affirmation.

Voilà encore une digression en faveur des chiens à grande quête, et cette digression m'a fait perdre le cours de ma petite description du setter irlandais ; j'en suis, en vérité, honteux ; mais, comme je n'ai point la prétention d'écrire une œuvre didactique, comme je cause, simplement, sans façon, au courant des idées, avec des chasseurs, là au moins j'espère rencontrer l'indulgence dont j'ai si grand besoin.

Je reviens donc à mon chien, que j'ai planté là au beau moment.

Il y a deux types de setter irlandais, ou du moins le type de l'ancien setter irlandais (*old Irish setter*) s'est modifié depuis plusieurs années, suivant le caprice de la mode, et au grand regret de bien des amateurs sérieux.

Décrivons d'abord l'ancien setter irlandais, dont certains éleveurs distingués cherchent aujourd'hui la reconstitution. Nous parlerons tout à l'heure du nouveau setter irlandais.

Le setter irlandais de l'ancien type a la tête forte, le front large et très relevé dans les beaux sujets.

Le museau est très cassé, les yeux (j'en ai déjà parlé) sont fauves, encadrés de paupières noires.

Le nez tout noir ou marron très foncé, aux arêtes sèches, est lui-même relevé et fait franchement saillie ; les narines, ouvertes largement, sont nerveuses et mobiles.

Les babines sont tombantes, quelquefois d'un ton un peu plus clair que la tête.

Les lèvres sont noires.

Le cou est robuste, musculeux, sans être court ni lourd d'aspect.

L'épaule est forte, oblique et longue.

La poitrine est large et profonde en même temps ; on voit que les poumons y jouent bien à l'aise.

Le rein est large, relevé, très fort et très souple à la fois.

La cuisse est longue, bien jambonnée; le jarret est long et large.

Les canons sont courts et forts; les ongles gros.

Presque tous les setters irlandais, comme du reste la plupart des chiens anglais et irlandais, sont très bien ferrés.

Le fouet, pour être beau, ne doit jamais être plus long que le jarret. Plus il est court, sans exagération bien entendu, plus il est gros à la naissance et fin à l'extrémité, plus il indique un animal vigoureux et bien racé.

Le poil, au bout du fouet, doit toujours être plus rare et moins long que vers le milieu : s'il y a panache (puisque panache il y a), ce n'est donc pas à l'extrémité, les soies étant plus courtes à la naissance, s'allongeant vert le milieu du fouet et se raccourcissant vers l'extrémité.

Le corps est couvert de poils longs, souples et fins, plus foncés vers le bout qu'à la naissance. Ces poils sont ondulés légèrement et non frisés.

Le poil d'été est plus rare et plus fin que celui dont l'animal est revêtu pendant l'hiver : ce qui ne saurait manquer d'avoir une influence sur la façon dont le setter irlandais résiste à la chaleur.

Pendant l'hiver, au contraire, la robe se garnit d'une sorte de bourre que recouvrent les longues soies, de manière qu'il supporte sans inconvénients les plus grands froids de nos climats.

A côté de ce type du setter rouge d'Irlande que je viens de décrire, il en existe un autre auquel, depuis quelques années, la mode semble attacher en Angleterre une faveur marquée.

Ce *chien* au lieu d'avoir la tête forte et large, le front bombé, a le front plat, la tête longue et sèche. Il est en même temps bien plus léger.

Selon moi ce type s'éloigne beaucoup de celui de l'ancien setter irlandais, dont Laverack, le célèbre éleveur anglais, a donné la description et dont il regrettait la perte.

A l'époque où j'ai publié cette étude dans la *Chasse illustrée*, il s'est produit une polémique que je crois devoir mettre sous les yeux de nos lecteurs.

Beaucoup de nos abonnés ont eu l'obligeance de m'adresser leurs observations personnelles au sujet du setter irlandais rouge, qui est, décidément, un des chiens le mieux faits pour passionner les véritables connaisseurs.

En effet, le setter irlandais est peut-être, de tous les chiens de race étrangère, celui dont les qualités ont été le plus vite appréciées en France. Cela était tout naturel.

Mais ce chien, précisément pour les causes que j'ai signalées, ne pouvait être jugé que par les amateurs d'élite. De là vient l'importance des communications qui me sont parvenues.

Tous mes correspondants sont d'accord avec moi sur les mérites exceptionnels de cette race de chiens, qui sont propres à tout. Seule la question de l'extérieur, des caractères typiques, donne lieu à quelques dissidences. Il en résulte que l'opinion des connaisseurs, au moins en France, ne serait pas absolument fixée sur ce point important.

J'ai dessiné, d'après nature les deux types du setter irlandais que j'ai soumis à mes lecteurs, et je me suis particulièrement attaché à reproduire exactement les caractères si remarquables de la tête de ce chien de l'ancien type, au front haut et large, à l'œil farouche, à l'aspect fier et sauvage (voir ci-contre).

Or, un de mes correspondants, connaisseur émérite, a bien voulu me faire remarquer que, d'après Stonehenge, le très compétent auteur anglais, ce développement du front suffit pour disqualifier un chien de cette race.

J'ai le malheur de n'avoir point lu Stonehenge, ni d'ailleurs aucun des auteurs qui ont écrit sur les chiens. J'écris tout bonnement le résultat de mes études et de mes observations personnelles, sans rien emprunter à personne.

Or, j'ai trop de souci du respect que je dois à ceux qui veulent bien me lire pour avancer à la légère une déclaration formelle, au moins dans ma conviction, quelle que soit d'ailleurs son importance.

Je dis donc que cette forme du front large et relevé, qui, dans l'opinion de Stonehenge, suffirait pour disqualifier en Angleterre un chien de cette race, est loin d'être considérée en France, par les connaisseurs les plus sérieux et les plus compétents que j'aie rencontrés, comme un vice rédhibitoire. En ce qui me concerne, j'ai vu des setters rouges, flanqués des parchemins les plus authentiques, chez lesquels cette forme de la tête était très accentuée, plus accentuée peut-être que celle du chien dont je donne le portrait.

Fig. 3. — LE SETTER IRLANDAIS ROUGE DE L'ANCIEN TYPE.

Il me sera sans doute permis d'ajouter que ces chiens possédaient les qualités les plus remarquables, les plus recherchées.

Disqualifier un chien pour une cause quelconque est bien facile, donner des raisons plausibles de cette disqualification serait certainement plus malaisé, au moins dans le cas qui nous occupe.

Quand il s'agit de travailler à la recherche d'une vérité, je crois que c'est un tort d'être trop absolu, et pour ma part, quelles que soient à cet égard mes convictions, je me garderais scrupuleusement de condamner absolument un animal, dont l'extérieur ne présenterait pas, dans toutes les parties, la perfection du type adopté. Tout au plus serais-je disposé à admettre que telle forme de la tête doit être préférée à telle autre comme se rapprochant davantage de ce qui est considéré comme le beau idéal d'une race (et c'est là que les « points » adoptés en Angleterre démontrent leur utilité); mais, comme il est constant que, dans les setters irlandais des races les plus pures, ce front large et haut est très fréquemment départi à des sujets possédant au suprême degré les qualités morales particulières à la race, il faudrait, je l'avoue, des considérations bien puissantes pour modifier à cet égard mes convictions.

Beaucoup de connaisseurs, au nombre desquels je pourrais citer, les noms les plus autorisés pensent avec moi que la forme du front, condamnée par Stonehenge, n'est pas de nature à faire disqualifier un setter rouge.

Rien ne pouvait m'être plus agréable que de me trouver d'accord, sur un point de cette importance, avec ces autorités incontestables; qu'il me soit permis d'ajouter, pour mon propre compte, que disqualifier un setter de race bien certainement pure, parce qu'il aurait le front large et haut, serait tout simplement une..... chose inexplicable.

Un amateur belge dont les connaissances spéciales et la grande compétence sont si justement établies, M. le comte de Beauffort, partage, je crois, l'opinion de Stonehenge.

Un des chasseurs français qui ont le plus pratiqué et qui connaissent le mieux les races de chiens anglais, M. Paul Caillard, dont le nom est également connu en France et en Angleterre, pense avec moi que la forme de la tête du setter rouge est une affaire de mode.

Tel éleveur préfère les setters rouges à tête longue et sèche, d'autres leur préfèrent l'ancien type, c'est-à-dire le front large et haut, le nez court et cassé.

Telle semble être aussi, je le répète, l'opinion d'un homme qui a marqué parmi les plus célèbres amateurs anglais, M. Laverack, le créateur de la race de chiens qui porte son nom.

M. Laverack déclare que tous les setters rouges à tête fine que nous voyons aujourd'hui ne sont plus ces fameux *red Irish setters* qu'il connaissait autrefois, race qu'on a laissé perdre, et qu'il a vainement cherché à retrouver.

Cette antique race était de moyenne taille, très rablée, à tête forte et carrée, à museau court et relevé.

L'oreille attachée haut n'était pas très chargée de poils, elle était courte et le tour en était comme ourlé de poils d'une nuance plus foncée.

Nous sommes loin du setter irlandais moderne, comme vous voyez.

Chez le pointer, par exemple, non pas seulement chez le pointer, mais chez bien d'autres chiens, on a toujours estimé comme un signe d'intelligence, d'instincts élevés, un front haut et large ; pourquoi cette même forme du front serait-elle de nature à faire disqualifier le setter irlandais ? Je n'hésiterais pas, en ce qui me concerne, à choisir entre deux setters, celui dont le front serait très large et très relevé, le museau carré, le nez largement ouvert.

Les qualités du setter irlandais de pur sang sont donc tout à fait indépendantes de la forme de sa tête.

Où donc est la raison vraiment sérieuse de cette disqualification que certains amateurs prétendent infliger aux setters irlandais qui possèdent un front large et un museau relevé ?

Faut-il marcher en avant ou rester en place ?

Est-il permis de chercher le mieux, ou doit-on s'en tenir à ce qui existe ?

Ce sont là autant de questions auxquelles il faudrait répondre.

Mais pour en revenir au point de départ dont cette nouvelle digression m'a encore éloigné, je dirai donc qu'il n'est pas exact de prétendre que le setter rouge pur se présente toujours avec le front relativement bas de l'épagneul anglais ; je répondrais encore une fois que cela n'est pas exact des setters rouges, du plus haut pedigree et possédant les qualités les plus distinguées, avoir le front haut et large.

Aujourd'hui même ce setter rouge, dont Laverack signalait le type et regrettait la perte, quelques éleveurs irlandais ont tenté, sur son conseil, de le reconstituer et *la Chasse illustrée* possède dans son chenil un couple de ces setters qui reviennent au type primitif (voir fig. 4). Moins haut de taille, couvert de poils moins longs, ce chien a beaucoup de type. Ses grands yeux, son oreille courte et sans poils trop longs, son nez court et bien cassé le distinguent nettement du nouveau setter rouge.

Je me bornerai donc à résumer en quelques mots mon opinion, si tant est qu'il puisse être intéressant pour quelques-uns de mes lecteurs de la connaître.

Oui, sans doute, le setter rouge ne se présente pas toujours avec ce front large et haut que j'ai décrit comme typique chez l'ancien setter d'Irlande; sans doute, il existe de remarquables spécimens de cette race, dont la tête plus plate, le museau plus long, moins carré, peuvent constituer, aux yeux de véritables amateurs, le *nec plus ultra* du type; mais que dire de la rigueur inexpliquée qui consisterait à disqualifier les autres, s'ils sont également purs de race?

Car la race, je le répète encore, c'est là le point essentiel; la forme n'est pas immuable et peut devenir une affaire de goût, de mode; or, ce point établi, c'est-à-dire la race étant bien authentiquement pure, je ne comprendrais pas qu'on pût ainsi disqualifier un chien parce que la forme de sa tête diffère de celle qui a notre préférence.

Combien de grands seigneurs, en Angleterre, entretiennent des races de pointers et de setters absolument pures sans se soucier des caprices de la mode, sans même faire paraître leurs chiens aux expositions?

Et si l'un d'eux préfère la tête carrée à la tête longue et plate, ne peut-il pas chercher à fixer ce type, sans que ses élèves aient rien perdu de la pureté de leur sang? En ce cas pourquoi les disqualifier?

Passons donc; que chacun garde ses préférences et revenons aux qualités du setter irlandais qui valent bien qu'on s'y arrête.

J'ai déjà fait pressentir quelles sont les actions du setter irlandais rouge. « Ce sont des animaux endiablés, » me disait dernièrement un de mes collaborateurs, qui les connaît de longue date; ce sont des chiens admirables, de grand nez, arrêtant supérieurement, mais ce sont des chiens bons pour un jeune homme, pour un marcheur infatigable, pour un chasseur à la main ferme et solide. »

Justum et tenacem propositi.

Je ne veux pas répéter ici tout ce que j'ai dit à propos du pointer; nous n'en finirions jamais. Je me bornerai à dire qu'un setter irlandais bien dressé, c'est-à-dire plié à l'obéissance et arrêtant bien, ne réclame pas de la part du chasseur plus d'énergie d'action, plus de marche, plus de

Fig. 4. — TICH, SETTER IRLANDAIS (*Red Irish setter*), du chenil de la *Chasse illustrée*.

fatigues que le premier chien venu. Il bat beaucoup de terrain, c'est vrai; mais c'est autant de fatigue qu'il vous évite, si vous aviez l'intention de battre ce terrain vous-même.

La ligne droite est encore le plus court chemin d'un point à un autre et vous aurez plus vite fait d'aller tout droit à deux cents mètres sous l'arrêt de votre chien, que de gagner en croisant devant vous, comme vous l'eussiez fait avec un chien à petite quête, l'endroit où votre setter est allé pointer cet arrêt. De plus, ce même chien qui s'écarte trouvera sur votre droite ou sur votre gauche beaucoup de gibier dont vous n'auriez pas soupçonné la présence avec un auxiliaire quêtant dans vos culottes.

Je n'insiste pas, les arguments abondent.

Je réserve aussi les pays accidentés, où cependant les inconvénients d'une quête étendue sont infiniment moindres que ne l'imaginent beaucoup de chasseurs habitués à chasser avec des chiens quêtant sous le fusil.

Mais ici encore, on le voit, j'admets que je parle à un chasseur opérant seul, et non à une société d'amateurs chassant en ligne.

D'un autre côté, je ne veux pas revenir sur ce que j'ai dit au sujet de l'effroi que le chien cause au gibier, lequel redoute bien autrement le chasseur que son auxiliaire; je passe donc sur l'objection, et je poursuis.

En plaine, la quête du setter irlandais a beaucoup d'analogie avec celle du pointer le plus rapide; il peut donc faire un chien de plaine de premier ordre, et il y vaudrait le pointer lui-même, s'il résistait aussi bien à la chaleur; mais il arrive, dit-on, que quelques individus de cette race se montrent sensibles aux ardeurs caniculaires des journées d'ouverture. Pour ma part, je n'ai jamais eu l'occasion de constater cette insuffisance et il s'en faut de beaucoup que les setters irlandais avec lesquels j'ai chassé redoutassent la chaleur plus que les autres setters; c'est donc pour tenir compte d'une opinion répandue parmi bon nombre d'amateurs très sérieux que j'ai dû consigner cette observation et nullement parce que je l'ai faite moi-même.

Il serait, je crois, plus juste de dire que le setter irlandais est apte à devenir un chien de bois parfait et, surtout, un chien d'eau exceptionnel : ceci est une affaire de tempérament.

Ici, il me faut répéter encore ce que j'ai dit au sujet des chiens à grande quête. L'impétuosité de celle du setter irlandais ne le cède en rien à celle du setter noir ; comme lui, et pour le moins autant que lui, il est enclin à s'écarter, emporté par une ardeur dont il n'est point le maître et que l'éducation et l'expérience, seules, parviennent à modérer : c'est par là qu'il commence, mais cette fougue s'éteint assez promptement pour peu que le chasseur ait une main ferme et se montre sévère pour chaque incartade.

A mon avis, et quoi qu'on en ait dit, il n'est pas contestable que le setter irlandais ne soit un excellent chien de bois : trop d'exemples prouvent le contraire.

J'en ai vu de détestables, j'en conviens, mais il suffisait de chasser un quart d'heure avec leurs maîtres pour absoudre ces pauvres chiens de leurs péchés passés, présents et à venir.

Comment ces braves chasseurs auraient-ils pu avoir de bons chiens ou, pour mieux dire, comment les chiens de tels chasseurs auraient-ils pu devenir bons?

Mal dirigés ou abandonnés à leur fougue, cent fois conduits à contre-vent, cent fois retenus ou excités hors de propos, voyant à chaque instant leurs honorables maîtres prendre le trot pour arriver plus vite à l'arrêt, jamais ou presque jamais *servis*, c'est-à-dire marchant de sottises en sottises, de déceptions en déceptions, comment imaginer que ces pauvres chiens aient pu tirer quelque vertu de cette belle éducation? Comment s'étonner de les voir chercher à suppléer eux-mêmes à ce qui manque à leurs maîtres?

Avez-vous vu quelquefois un bon chien entre les mains d'un mauvais chasseur?

Avez-vous vu jamais un chasseur de pacotille faire lui-même un bon chien?

Au contraire, n'avez-vous pas vu cent fois ces chiens de grande race mal conduits, mal dressés, faire instinctivement une pointe énorme pour revenir, en quêtant à bon vent, vers le chasseur qui marche à mauvais vent?

Qui doit-on blâmer, le chasseur ou le chien?

Faut-il s'étonner qu'un chien ne soit pas ferme d'arrêt, quand, dès les premiers jours, son maître n'a eu d'autre souci que d'arriver au plus vite et de faire lever la pièce, abrégeant ainsi le temps de l'arrêt, excitant l'impatience du chien, quand il faut, au contraire, développer sa patience, quand le plus vulgaire bon sens demande de faire durer l'arrêt le plus longtemps possible? Mais non, il faut lever le gibier tout de suite, *hic et nunc*, il faut tirer et tuer..... ou manquer! C'est déplorable, c'est absurde, mais cela est ainsi et tant pis pour le chien!

Je sais bien que c'est là prêcher dans le désert, et que la passion du chasseur l'emportera toujours sur sa raison; il faudrait, en conscience, que le chien lui montrât le bon sens!

Pour ma part, je réprouve absolument cette pratique qui consiste à lever le plus vite possible la pièce que le chien tient en arrêt et, du moins pendant tout le temps que dure leur éducation, tous mes chiens tiennent l'arrêt aussi longtemps que je peux les maintenir. Constatons donc qu'il est souverainement injuste de mettre sur le compte du chien ou de sa race les fautes dont est seul coupable celui qui l'a dressé ou qui chasse ordinairement avec lui.

Cette observation, bien plus sérieuse au fond qu'en apparence, vise principalement le reproche que beaucoup de chasseurs font à certaines races d'être impropres à la chasse du bois; remarquez, je vous prie, que je ne dis pas à la chasse du marais, puisque (je suis le premier à le reconnaître) il existe d'excellents chiens qui, chassant volontiers au marais, résistent mal à ces chasses, auxquelles leur tempérament ne convient pas.

Je répète donc que c'est surtout l'éducation qui permet à un chien d'acquérir les qualités nécessaires à la chasse du bois. Avant d'avoir levé un lapin dans un buisson de ronces, tous les chiens n'y entreront pas vaillamment; mais, quand cette bonne fortune leur sera devenue coutumière, ils n'hésiteront plus.

Dans les premiers temps, ils tomberont en arrêt sur le bord du fourré dans lequel ils n'oseront pas pénétrer; plus tard, quand ils en auront vu sortir des lapins, ils sauront qu'il faut aller les chercher là; l'ardeur, l'amour de la chasse et quelques coups de fusil heureux feront le reste.

Je répète que j'ai vu les pointers les plus fins de poil entrer au fourré et en sortir déchirés et rougis de sang ; or ce sont là de ces accidents qui n'ont pas les mêmes conséquences que la chasse à l'eau ; tout au contraire, un chien qui a passé par ces épreuves ne les redoute plus.

Mais, puisque nous parlons du setter irlandais, constatons ensemble que celui-là possède nativement les qualités qu'il faut demander à un chien de bois et à un chien d'eau : il est plein d'ardeur, très vigoureux, très rustique, ne redoute pas les piqûres, et, si tous les chasseurs n'ont pas obtenu de cet excellent chien ce qu'il est susceptible de donner, reconnaissons que cela tient à ce qu'ils s'y sont pris tout de travers ou qu'ils ont manqué de patience.

Pour ma part je ne conviendrai jamais que les qualités exceptionnelles du setter irlandais soient précisément une raison pour l'exclure de la chasse du bois.

Sans doute il s'y montrera fougueux à ses débuts, sans doute son maître devra se montrer sévère et s'armer de patience, mais à celui qui ne possède qu'un chien, si ce chien est un setter d'Irlande, je puis affirmer par expérience qu'il en pourra tirer bon parti partout.

On voit déjà, par ce qui précède, qu'à certains points de vue, le setter irlandais possède des points d'affinité très accentués avec le pointer.

Comme celle de ce dernier, la quête du setter rouge est ardente, très soutenue quelquefois trop violente à ses débuts ; il possède une grande finesse de nez, il chasse très haut et au galop, il évente de loin et se préoccupe bien plus du gibier lui-même que de sa voie.

Cette analogie dans les actions m'a tellement frappé, que j'hésiterais presque sur le choix à faire entre le pointer à grandes allures et le setter irlandais, et c'est là, pour moi, le plus pénible des aveux.

Mais, quelle que soit ma prédilection pour les pointers, la vérité m'oblige à reconnaître que le setter irlandais possède un ensemble de qualités tout à fait exceptionnelles. Il est excellent en plaine ; il ne craint ni le bois ni l'eau : c'est un chien complet. Mais sa nature ardente, la violence de sa passion pour la chasse, l'impétuosité de ses actions, tout cela rend son

Fig. 3. — *DAN ET STELLA*, SETTERS IRLANDAIS (type nouveau), appartenant à M. le comte de Beaufort.

éducation plus difficile que celle des pauvres chiens dont se contentent trop de chasseurs, et je suis obligé d'avouer que je connais pas mal d'amateurs sérieux qui ont renoncé aux setters irlandais parce qu'ils n'avaient pas su les réduire, parce qu'ils avaient été impuissants à s'en rendre maîtres, à les tenir sous la main.

Je dois ajouter, toutefois, que la plupart de ces déceptions s'expliquent aisément. Non seulement les honorables chasseurs auxquels je fais allusion ne possédaient peut-être pas eux-mêmes toutes les qualités (j'allais dire les vertus) qu'il faut pour tirer d'une bête si remarquable tout ce qu'elle est en état de donner, mais encore il s'agissait de sujets achetés et dressés en Angleterre.

Or, en France et en Angleterre, non seulement la méthode, mais le langage, diffèrent, et je demande à quoi pouvaient s'y reconnaître les pauvres chiens.

Donc, là encore, ce ne sont pas les bêtes qu'il faut blâmer.

Une autre observation trouve ici sa place. En ce qui me concerne, il y a longtemps que je l'ai faite; vingt amateurs l'avaient faite avant moi, et l'un de mes honorables correspondants de *la Chasse illustrée*, un de nos chasseurs les plus savants du midi de la France, qui pratique de longue date le setter irlandais, M. F..., de Montauberou, l'a confirmée lui-même dans ces dernières années : c'est que les produits de chiens anglais nés et élevés en France sont ordinairement mieux appropriés que leurs ascendants à la chasse de notre pays.

S'il me fallait rechercher ici les causes de cette amélioration, je dépasserais certainement les bornes que je me suis tracées, car cette recherche motiverait à elle seule un volume. Je suis donc obligé de me borner à une simple constatation; mais je suis si certain du fait que j'avance, que je ne redoute pas d'être contredit par ceux qui ont, comme moi, étudié les chiens anglais scrupuleusement et sans parti pris.

J'ai vu d'admirables animaux achetés et dressés en Angleterre; ils faisaient la joie et l'orgueil de leurs maîtres; mais j'ai toujours remarqué que leurs produits, élevés et dressés en France, sans rien perdre des qualités de leurs ascendants, acquéraient des qualités nouvelles qui les rendaient mieux appropriés à la chasse spéciale du pays où ils étaient appelés à opérer.

Ceci vient corroborer l'opinion de mon savant collaborateur et ami, M. le marquis de Cherville, qui soutient, avec tant d'autres praticiens, que la plupart des chiens sont propres à tous les genres de chasse. Vous voyez quel horizon une observation de cette nature sur les produits des chiens importés, observation bien et dûment constatée, vient ouvrir à la régénération de nos races.

Je le répète, il faudrait un ou deux volumes pour épuiser la question.

Mais, sans entrer dans le fond du sujet, je puis bien dire, par exemple, que je ne trouve pas d'autre raison pour expliquer que le pointer, qui par sa nature n'est pas un chien d'eau, produit en France des sujets de race pure qui chassent régulièrement au marais, sans y contracter les maladies ou les infirmités dont sont presque toujours atteints les animaux directement importés.

En admettant qu'à vos yeux ce ne soit là qu'une simple constatation purement locale, vous voudrez bien reconnaître du moins qu'elle a son importance, puisque, dans d'autres pays, ce même pointer, qui n'est pas non plus un chien de bois, non seulement chasse au bois très volontiers, mais encore donne naissance à des produits pour lesquels la chasse du bois devient, sinon une prédilection, du moins une quasi-spécialité.

Voilà encore une digression, et je conviens qu'elle est malheureuse, car elle ne saurait être goûtée que par les amateurs savants, et les simples chasseurs, mes amis, vont peut-être chercher querelle à leur modeste confrère et le rappeler à son métier de photographe.

Je reviens donc, l'oreille basse, à mon setter rouge; il était en de train quêter, il n'avait pas encore marqué l'arrêt; nous avions le temps de bavarder. C'est là mon excuse.

Quand, pendant sa quête, le setter irlandais rencontre une voie, sa première préoccupation n'est pas de la suivre, comme l'ancien chien français; il ne songe, au contraire, qu'au gibier lui-même, il n'a d'autre préoccupation que de trouver l'endroit où est ce gibier. A l'instant, vous le voyez porter au vent, tourner la tête, interrogeant ardemment l'horizon. Nous sommes en plaine, bien entendu.

C'est là qu'il devient vraiment *personnel*.

Le pointer porte également au vent, dédaigne la piste et marche directement sur le gibier; mais, à moins qu'il n'ait été l'objet d'un dressage particulier, il y marche debout, sans se raser, il attaque de haut.

Bien qu'à mon avis, ils ne subissent qu'une simple impression, on dirait que certains setters irlandais essayent de dissimuler leur présence. Le nez ouvert aspire avec une avidité passionnée les émanations provenant du gibier, les yeux flamboient, les jarrets fléchissent, le rein se tend et se raccourcit, les soies du corsage traînent à terre, et il s'avance ainsi... jusqu'au moment où le gibier s'étant rasé devant lui, il garde l'immobilité de la pierre. Qui n'a pas vu un bon setter irlandais marcher sur la compagnie qu'il a éventée n'a rien vu!

Il est certain qu'avec un chien de ce tempérament les choses ne se passent pas toujours, dès le début, aussi brillamment que je viens de le dire. Souvent l'animal est emporté par son ardeur, marche trop vite et fait partir le gibier. Mais combien de chiens ont dès leur jeunesse cette sage prudence qui est l'apanage de l'âge mûr? Où est le chien qui n'a jamais commis de fautes? Je possède une chienne pointer à peine âgée d'un an. Dès le premier jour, elle avait un arrêt très ferme je veux dire qu'elle ne forçait point. Aujourd'hui je l'ai menée au bois, elle a commencé à s'animer, demain, elle me fera des frasques. Je suis là, Dieu merci, pour y mettre bon ordre.

De tous les chiens, le pointer est peut être celui dont l'arrêt est le plus ferme, même pendant la période de son éducation. Le setter irlandais a plus de tendance à s'emporter sur la voie, mais l'éducation et l'expérience atténuent rapidement et bientôt corrigent entièrement ce défaut, qui n'est que le résultat d'une trop grande ardeur, que l'effet d'un sang trop généreux, d'une surabondance de forces.

J'ai vu (je ne veux pas dire j'ai possédé, parce qu'il est absurde de toujours parler de soi) de jeunes pointers tenir l'arrêt sur des couples de perdrix pendant tout le temps qu'il fallait à leur maître pour achever de battre un de ces interminables guérets dans lesquels les lièvres aiment à se gîter à l'arrière-saison. J'ai vu des setters rouges qui ne le cédaient en rien à la prudence de ces pointers, et qui marchaient assez doucement pour donner le temps à deux ou trois chasseurs de prendre les grands devants, afin d'aller couper aux perdrix la retraite d'un parc ou d'un enclos qu'elles tentaient presque toujours de gagner ; il est vrai que ces setters comptaient plusieurs saisons de chasse. C'est seulement avec les chiens qui ont le nez très long que cette manœuvre est possible.

Certes, ces chiens là ne quêtaient pas dans les culottes, et ce n'est qu'avec « *ces chiens-là* » que les chasseurs dont je parle, chasseurs déshérités, si vous voulez, mais chasseurs habiles et possédant de vrais chiens, parviennent à tuer quelques pièces à l'arrière-saison.

Que si vous êtes plus favorisé, ce qu'à Dieu plaise, que si vous possédez des bois bien engiboyés, où le faisan se plaît, où le lapin abonde, croyez-moi, le setter irlandais pourra encore vous y rendre d'utiles services.

Sans doute, il vous faudra quelque temps pour le réduire, il vous faudra plus d'une leçon pour lui faire comprendre qu'au bois un chien qui s'éloigne, non seulement n'est bon à rien, mais est une bête absolument impossible. Mais, quand il aura compris, quand vos leçons auront porté leurs fruits, quand l'expérience lui sera venue, la finesse de son nez, l'activité de sa quête, son énergie, sa vigueur, sa résistance, son ardeur, son mépris des difficultés du terrain à explorer, tout cela vous récompensera largement des peines que vous aurez prises, des petites misères que vous aura causées son éducation : vous ne songerez plus aux folies de sa jeunesse que pour vous rappeler qu'on n'est pas parfait à tout âge et que les chiens ont, comme les hommes, à traverser une période d'exubérance pour laquelle il faut se montrer indulgent.

Comme chien de marais, le setter irlandais peut faire un chien de premier ordre; sa taille et sa vigueur lui permettent d'affronter les fatigues de cette chasse pénible entre toutes; il barbotte très volontiers, il ne redoute pas le froid et son tempérament lui permet de résister mieux que bien d'autres chiens aux effets de la chasse à l'eau.

J'ai connu deux setters irlandais qui chassaient presque exclusivement au marais; ils ne valaient rien pour la bécassine, parce qu'ils avaient contracté de bonne heure l'habitude de quêter les râles, les poules d'eau et les marouettes, gibier fuyard et coureur par excellence; on ne leur avait jamais demandé d'autres services, et il faut convenir qu'ils s'acquittaient en conscience de celui-là. Ah! les deux enragés! Je les vois encore, et je crois qu'il serait difficile de trouver, pour cette chasse spéciale, des chiens d'eau plus intrépides, plus remarquables. J'ai vu maintes fois l'un d'eux, qu'on nommait Tack, à l'épreuve sur des canards démontés, et je doute qu'aucun water spaniel se fût tiré d'affaire avec plus de distinction. L'ardeur de ces deux chiens était véritablement incroyable, et je n'ai jamais connu que l'illustre *Cane*, appartenant à M. Audrieu, de Saint-Samson, qui pût leur être comparée.

Mais, je le répète, sur la bécassine, qui exige un chien prudent à l'excès, ils ne soutenaient pas la comparaison avec des chiens d'une race et d'un mérite certainement inférieurs, mais que leurs maîtres s'étaient bien gardés de laisser chasser la marouette et les râles. Ils arrêtaient peu, parce qu'on les avait abaissés au simple rôle de choupilles.

Or, comme il est certain que le setter irlandais arrête admirablement, il ne faut tirer de cet exemple d'autre conclusion que celle de la diversité des aptitudes de cette race si remarquablement douée. Je suis d'autant plus à l'aise pour faire cette déclaration, que j'ai vu, aux environs de Caen et dans les marais de Carentan, d'autres setters irlandais, parfaitement purs, qui arrêtaient la bécassine avec la prudence du pointer anglais au nez le plus long et le plus fin.

D'ailleurs, il serait absurde de faire à toute une race de chiens le reproche de ne pas posséder telle ou telle qualité, parce qu'on peut signaler quelques individus, pris entre mille, qui ne possèdent pas ces qualités, et cela uniquement par la raison qu'on ne les leur a pas demandées.

Ici donc je vous dirai, et non pas plus particulièrement pour le setter irlandais que pour tout autre chien : Si vous voulez avoir un chien très ferme, gardez-vous de lui permettre la poursuite d'un gibier qui court, qui fuit, qui ruse et se dérobe sans cesse. Que si, au contraire, comme cela est le cas pour bien des chasseurs de ma connaissance, vous avez besoin d'un auxiliaire très ardent à la poursuite de tous ces coureurs de joncs, de fossés dont sont garnis nos marais; que si vous désirez un chien de taille à ne pas se rebuter devant les difficultés de ces interminables poursuites que vous connaissez comme moi, là encore le setter irlandais fera parfaitement votre affaire, de même qu'il la fera en plaine sur la perdrix, au bois sur le faisan (je ne parle pas du lapin qui est l'A B C), si vous dirigez plus spécialement son éducation vers la chasse de la plaine ou du bois, et il se montrera partout excellent, pour peu que vous le vouliez.

En somme, c'est un chien bon à tout et que je ne saurais trop recommander.

LE SETTER IRLANDAIS BLANC ET ROUGE OU BLANC ET BRIQUE.

A côté du setter irlandais dont nous venons de parler, voici une autre variété, d'origine irlandaise, à laquelle cette désignation de « rouge » semble bien plus justement convenir, on le désigne habituellement sous le nom de setter blanc et rouge ou blanc et brique et ce nom est très bien trouvé.

En effet, tandis que la robe du premier est d'un ton fauve, assez chaud, j'en conviens, mais dans lequel il faut avoir de bonnes lunettes pour trouver que le *rouge* domine au moins chez un grand nombre d'individus parfaitement purs du reste, le chien dont nous donnons ici la description est marqué, sur une robe fond blanc, de taches d'une nuance toute particulière qu'on ne retrouve chez aucun autre chien, et qui sont d'une belle couleur rouge foncé, rappelant un peu celle de l'acajou vieilli.

On a cherché, pour définir cette couleur très typique, plusieurs désignations, dont aucune n'est entièrement satisfaisante : rouge brique, acajou, sang de bœuf. Je le répète, aucune de ces désignations n'est juste, mais mettez ensemble tous ces tons-là, faites le mélange, et vous aurez la couleur des taches dont est marquée la robe de cette variété.

Ce ne sont donc plus les taches orangées de l'épagneul anglais, que les Anglais désignent sous le nom de « *lemon and white* », ou du braque de Saint-Germain ; ce sont des taches d'un ton beaucoup plus coloré, plus chaud, plus foncé, plus *rouge,* en un mot.

Je demande pardon à mes lecteurs d'entrer dans ces détails, qui seraient mieux compris dans un atelier de peinture que dans un livre ; mais j'avoue n'avoir pas trouvé d'autre moyen de me faire comprendre.

L'origine irlandaise de cette variété s'accuse par des traits absolument caractéristiques : le nez est noir, les lèvres sont noires, le tour des yeux est noir, le palais est noir ou marqué de taches noires.

Il y a quelque temps, je faisais, en compagnie d'un de mes collaborateurs, une visite à l'un de nos chenils renommés.

Un des compartiments était réservé aux épagneuls anglais blanc et orange ; cette excellente race, dont nous nous sommes occupé, méritait assurément cet honneur ; ils étaient là cinq ou six.

Au milieu de ces cinq ou six chiens brillait un étalon superbe, au nez jaune, sans une tache noire, ni sur les lèvres, ni au voile du palais, et je lui aurais, sans hésiter, signé un brevet de haute et pure généalogie, n'eût été son front, qui était trop relevé, trop haut, trop large pour un épagneul anglais et qui rappelait bien davantage le front si typique de l'ancien setter irlandais. Ce n'en était pas moins une admirable bête, et il est possible que cette forme du front ne fût qu'un « accident. » Je n'insiste donc pas.

Mais, à côté de ce chien si remarquable, se tenaient quelques sujets à nez noir ; j'en fis l'observation à mon compagnon et je manifestai mon étonnement. Il me reprocha d'être trop sévère.

Et pourtant je le répète, l'épagneul, ou setter anglais *blanc et orange,* ne doit pas avoir le nez noir, quand il est de race pure. Le nez noir indique infailliblement un croisement soit avec le setter anglais noir ou ses dérivés, soit avec le setter irlandais.

Ceci soit dit pour ceux qui ont souci de la pureté des races et, bien entendu, sans préjudice des qualités que peut posséder un setter blanc et orange à nez noir. En effet, ces qualités peuvent être remarquables, si ce chien est issu de ces variétés dont je viens de parler et qui possèdent elles-mêmes des mérites incontestés; mais, toutes les fois qu'un tel croisement n'est pas authentiquement établi, toutes les garanties disparaissent; l'épagneul blanc et orange dont le nez est noir peut parfaitement venir d'un chien noir quelconque et d'une setter anglaise blanche et orange; il n'aura retenu de son père que la couleur du nez, mais..... la pureté de la race n'existe plus, et je demande à quoi peut servir un tel chien pour la reproduction. J'admets toujours, cela va de soi, que vous teniez pour les races pures; si vous êtes de ceux qui s'en soucient peu, mettons que je n'ai rien dit.

Donc, chez le setter irlandais blanc et rouge brique que nous étudions aujourd'hui le nez noir est un signe de race.

La tête est de moyenne grosseur.

Le front est souvent large et relevé.

Les yeux sont fréquemment grands, d'une couleur fauve un peu rouge, rappelant celle de la robe du chevreuil pendant l'été, plus clairs en tous cas que le fond des taches.

Les paupières sont bordées de noir comme les lèvres.

Le palais est noir ou maculé de taches noires.

Le nez... j'ai parlé de sa couleur. Sa forme est la même que chez l'ancien setter irlandais; les narines sont ouvertes, mobiles; les arêtes en sont sèches et fines, moins sèches pourtant que chez certains setters.

La peau du front est fine, recouverte d'un poil court, la face est souvent sillonnée de rides mobiles, qui donnent à la physionomie une expressoin énergique et ardente.

Les babines recouvrent la mâchoire inférieure.

Le setter irlandais est quelquefois assez mauvais coucheur, et sa figure le dit suffisamment : celui-ci a plutôt l'air un peu sauvage.

Les oreilles, de longueur moyenne, sont plantées haut et couvertes d'un poil assez long et fin, très légèrement ondulé, jamais frisé.

Fig. 6. — LE SETTER IRLANDAIS BLANC ET ROUGE *OU BLANC ET BRIQUE.*

L'épaule est longue, bien effacée, bien musclée sans être lourde; le coude descend au-dessous du corsage.

Le rein est large et fort.

Le corsage est profond.

Le flanc, recouvert de soies longues et souples revenant chez certains sujets d'arrière en avant, rentre légèrement sur les fausses côtes, qui font une saillie accentuée.

La cuisse est longue, bien jambonnée.

Les pattes sont fortes et sèches, garnies de muscles attachés par des tendons secs et puissants.

Les canons sont courts; le pied est un peu allongé, mais solide en même temps. Les ongles, forts, sont souvent noirs.

Le fouet et court, garni de longs poils, très légèrement ondulés, comme ceux qui recouvrent le corps.

En somme, c'est là un chien chez lequel la force n'exclut pas l'élégance; j'ai même vu des setters de cette variété chez lesquels l'élégance était la note dominante; je parle, bien entendu, au seul point de vue des formes extérieures, puisque nous n'en sommes pas à nous occuper des qualités morales.

J'ai rarement vu de chien d'un aspect plus séduisant. Cette belle robe blanche couverte de poils longs et soyeux, ces taches d'un ton chaud et brillant, ces grands yeux pleins de feu, cette physionomie mobile, cette fière attitude où se peignent les instincts ardents des grandes races, la vivacité des mouvements, tout cela contribue à faire de cette variété l'une des plus remarquables qu'un amateur du beau puisse désirer.

Malheureusement, elle est assez rare, au moins en France, et je serais fort embarrassé, en admettant qu'ici encore on veuille bien s'adresser à moi, pour indiquer à mes honorables correspondants un point d'origine où il leur serait aisé de se la procurer.

J'ai cependant beaucoup chassé avec ces chiens-là; mon père en possédait un qui a marqué sa place dans cette incomparable légion de héros dont le souvenir, encore aujourd'hui, fait mon admiration. Depuis, j'ai connu plusieurs amateurs qui les prisaient avant tous les autres, non seulement pour leur beauté, mais pour l'excellence de leur travail.

On m'affirme qu'ils sont assez répandus dans le nord de l'Angleterre et en Écosse; un des abonnés de la *Chasse illustrée* m'a dit s'en être procuré là sans trop de difficultés. Ce n'est pas si loin que je suis allé chercher ceux qui m'ont servi à cette étude. Chassant un peu de tous côtés, il m'est arrivé souvent et il m'arrive encore de temps à autre de rencontrer un spécimen remarquable de cette variété ravissante que tout devrait nous engager à multiplier en France.

Il y a quelques années, ils étaient assez communs aux environs de Caen, où beaucoup de chasseurs anglais venaient en déplacement pendant la saison des chasses, où d'autres se sont fixés et ont introduit leurs chiens, pointers et setters, dont la supériorité a bien vite été constatée. Je sais qu'ils s'étaient répandus et que plusieurs amateurs français les conservaient précieusement. Aujourd'hui, je me demande si notre indifférence ne les a pas laissés descendre la pente fatale au bout de laquelle nos races et celles que nous empruntons à nos voisins sont venues se perdre tour à tour.

Aux environs de Paris aussi, j'ai rencontré quelques-uns de ces chiens, et je me souviens d'avoir admiré, il n'y a pas bien longtemps, au départ d'un train de la ligne de Rambouillet, un des plus remarquables animaux de cette race qu'il m'ait été donné de rencontrer.

Peut-être ces lignes serviront-elles à appeler l'attention de leurs maîtres sur ces chiens remarquables, qu'il est si désirable de voir se multiplier en France, où leurs aptitudes et leurs qualités peuvent rendre d'excellents services.

L'extrême finesse de leur nez, leur quête vive et soutenue, leur ardeur, sont égales à celles du setter rouge. Comme lui, ils chassent haut et, le plus souvent, au galop. Ils arrêtent de très loin et sont très fermes.

Mais tous ne sont pas également résistants à la fatigue, et, sans ressentir les effets de la chaleur aussi vivement que l'épagneul français, ils ne possèdent pas toujours, sous ce rapport, les mêmes qualités que le pointer léger, qui, du reste, est incomparable et qui chasserait, je crois, dans une fournaise sans rien perdre de l'incroyable subtilité de son odorat. Je n'en insiste pas moins sur la finesse de nez exceptionnelle que possède le setter blanc et rouge.

J'ai souvent chassé avec quelques-uns de ces setters tout à fait remarquables. En plaine, ils joignent bientôt à une quête large et vive une grande souplesse, une obéissance absolue; mais, là encore, il convient de dire que cette souplesse et cette obéissance ne peuvent être que le résultat d'une éducation sévèrement conduite et sévèrement maintenue. Il est bien rare qu'un chien de grande race ne commette pas quelques frasques à ses débuts.

Au bois, ils chassent avec ardeur, sans souci des épines, et, quand l'expérience leur a appris que c'est au fourré que se tient plus volontiers le gibier, ils y entrent avec le même entrain que dans un champ de trèfle. J'ai vu, à Rambouillet, un setter de cette race qui se conduisait sur le faisan avec une prudence, avec une distinction sans égales. Je n'hésite pas à le dire, c'est encore là un chien admirablement doué et qui, dans des mains expérimentées, peut devenir parfait.

Ils vont également bien à l'eau et ne se soucient ni des difficultés ni du froid; je n'affirmerais pas qu'ils résistent aussi longtemps que le setter irlandais rouge aux suites de chasses régulières au marais, mais ils y chassent d'une façon remarquable, sans hésitation, avec un entrain du meilleur aloi. Encore une fois, ils font ce que font tous les chiens de haute race. Leur nature généreuse emporte tout, et ils marchent.

On voit donc que cette variété possède à peu près les mêmes qualités que le setter irlandais rouge, dont elle dérive, au dire de ceux qui en savent plus long que moi.

C'est là, j'en conviens, une question intéressante, mais je ne me permettrai pas de la trancher. Plutôt que d'avancer une erreur, je préfère accepter les choses comme elles sont et me borner à constater l'existence de cette variété, à dire ce qu'elle est, sans chercher à en établir, plus ou moins heureusement, l'origine.

On a dit qu'elle venait tout bonnement du croisement du setter irlandais rouge avec le setter anglais : c'est possible.

En somme, entre ces deux variétés d'une race excellente, le setter irlandais rouge et le setter irlandais blanc et brique, on peut dire que la différence consiste en de simples nuances. Le premier est plus rustique, plus robuste; le second, plus élégant, plus aimable. Tous deux sont également beaux, mais d'une beauté différente : l'un a plus de muscles, l'autre a plus de nerfs. Tous deux possèdent les qualités natives qui font les bons chiens : haut et grand nez, quête active, arrêt ferme.

Si j'avais à me prononcer entre les deux, s'il me fallait faire un choix, je consulterais les conditions dans lesquelles je chasse le plus habituellement, et je ne sais trop si je ne donnerais pas la préférence au setter rouge, dont la santé robuste résiste à tout. Je sais bien que tous mes confrères ne seront pas de mon avis et que beaucoup d'entre eux reprocheront toujours au setter rouge son caractère indépendant, l'ardeur extrême qui rend ses débuts si souvent indisciplinés, la fougue de sa quête; sans doute, mais le gaillard dont nous parlons aujourd'hui n'est pas non plus un chien de carton, son ardeur ne le cède en rien à celle de son copain, et, s'il est peut-être un peu plus souple, il faut reconnaître qu'il n'est pas toujours aussi rustique; et, enfin, je vous demande si vous croyez qu'il dure aussi longtemps. Pour ma part, je n'oserais l'affirmer.

Vous avez sous les yeux les pièces du procès; je ne me pose pas en oracle; c'est à vous de décider.

Fig. 1. — COKERS SPANIELS, appartenant à M. Bellecroix.

LES PETITS ÉPAGNEULS

(*Cockers, Clumbers, Sussex, Spaniels, etc.*)

Je ne sais si je suis parvenu à faire suffisamment admirer le génie que possèdent nos voisins d'outre-Manche en ce qui concerne la fabrication des animaux. Les petits épagneuls sont une des manifestations de ce génie.

Les Anglais, qui ont créé pour la boucherie un bœuf sans os, des moutons et des porcs chez lesquels ils ont éliminé tout ce qui ne se mange pas, ont aussi créé ces merveilleux instruments de chasse qu'on nomme les pointers et les setters que j'ai cherché à décrire et à faire connaître, chiens de grande taille, infatigables, pour chasser en plaine, au marais ou dans les hautes bruyères. Ils ont également fabriqué, pour chasser au fourré, des chiens de petite taille, auxquels ils ne demandent que de trouver et de faire lever le gibier.

Un chien de bois, ne devant pas s'éloigner de son maître, ils se sont dit que le plus sûr était de lui en enlever les moyens, et ils se sont mis à créer un chien à pattes courtes. Ils voulaient que ce chien, qui est destiné à fouiller les ronciers, les grandes herbes où le gibier se recèle, ne quêtât pas le nez haut; ils ont fait un chien qui suit les pistes et quête le nez en terre, et ils lui ont donné non seulement la vigueur, mais le courage nécessaire pour ne se rebuter devant aucun obstacle.

A mon avis, de tous les petits épagneuls de race anglaise, le cocker est celui chez lequel ces qualités sont le plus développées.

Le cocker est un épagneul de petite taille, très bas sur pattes mais très solidement reinté.

Son front large indique l'intelligence, qui brille dans ses yeux petillants de malice et de feu.

Ses oreilles sont longues, garnies de belles soies ondulées.

Les pattes sont fortes, les doigts solides.

L'habitude est de couper le fouet des cockers. Peut-être protesteraient-ils si on les consultait, cependant ils sont si intelligents qu'on parviendrait peut-être à leur faire comprendre que l'opération est toute dans leur intérêt, puisqu'elle leur évite de se mettre le fouet en sang, chaque fois qu'ils entrent au fourré.

La robe du cocker la plus répandue est blanche et marron (*liver and white*) ou tout marron. Il en existe d'autres entièrement noirs; d'autres encore ont une robe admirable, à laquelle les Anglais ont donné le nom de *golden liver* (foie doré).

Pour ma part, j'aime beaucoup le blanc chez un chien destiné à chasser au fourré, comme les cockers.

J'ai une passion pour ces charmants animaux.

Leur intelligence est merveilleuse, leur intrépidité incroyable; je leur dois des jouissances égales à celles que m'ont procuré sur un autre théâtre, les pointers eux-mêmes, ceux de tous les chiens d'arrêt auxquels, malgré tout, je donnerais peut-être la préférence.

Imaginez-vous votre serviteur entrant précédé de deux cockers bien dressés dans un bois d'une dizaine d'hectares, garni d'épines et de ronces où se trouvent quelques faisans ou une bécasse, un gentil filet de lapins, et vous aurez là la parfaite image d'un homme heureux... pour une heure ou deux.

Ces deux cockers prendront la haie de bordure, passant partout, brisant sur leur chemin les ronces les plus épaisses, montant et descendant le fossé en tous sens; ils sont peut-être sur une piste laissée par un lapin rentré le matin du gagnage, peut-être sur celle d'un vieux coq.... Voyez-les fourrer partout leur nez pointu, se déchirant les oreilles à toutes les épines, sans jamais se lasser, s'arrêtant tout à coup comme indécis, regardant

Fig. 2. — *DUCK*, COCKER SPANIEL, du chenil de la *Chasse illustrée*.

leur maître du regard en frétillant de la queue, puis sur un signe reprendre leur travail endiablé, que rien ne lasse ni ne rebute. Voilà le cocker!

J'en ai vu plusieurs donner des preuves d'un courage vraiment extraordinaire. J'ai vu l'un d'eux, entre autres, appartenant au chenil de *la Chasse illustrée*, le pauvre « *Duck* » dont je pleure encore la perte, ne pouvant pénétrer dans une haie d'épines abominables, essayer de briser l'obstacle à force de dents, mordant avec rage les tiges acérées qui s'opposaient à ses tentatives désespérées; puis, au bout d'un instant, ne réussissant pas à se frayer un passage, je l'ai vu s'éloigner à quelques pas de l'obstacle, sur lequel il se précipitait dans l'espérance de le défoncer, s'éloigner encore, se précipiter de nouveau à la façon d'un bélier antique et recommencer dix fois cette manœuvre héroïque; enfin, comme il n'atteignait pas le but de tant d'efforts, je l'ai vu, changeant de tactique, escalader cette haie (c'est à la lettre), poussant des pattes de derrière, tirant de celles de devant, finir par arriver au sommet de cette fortification végétale, y marcher comme un chat sur un toit, et, finalement, disparaître tout à coup par un intervalle que laissaient entre elles les branches entrelacées, comme ledit chat aurait pu disparaître par la tabatière d'une mansarde.

Je ne crois pas qu'il existe une race de chiens convenant mieux que le cocker à la chasse des bois fourrés. Ce que je viens de dire le démontre, je crois, surabondamment, et l'on s'explique mal que ces chiens charmants ne soient pas plus répandus en France.

Cela tient-il à ce que le cocker *n'arrête pas?* Car en effet, et, quoi qu'on en ait dit, le cocker n'arrête pas.

Mais ce chien est destiné à quêter tout près du chasseur, et, s'il n'arrête pas, il se montre, quand il est dressé, d'une docilité égale à celle du setter le plus soumis.

Le dressage du cocker consiste donc uniquement à lui donner une soumission absolue, à l'habituer à revenir au moindre appel et à diriger sa quête selon les indications de la main. Rien n'est plus aisé.

Je ne parlerai pas du dressage à l'anglaise qui ne trouverait pas aisément de partisans en France, et il me semble presque superflu d'insister après ce que je viens de dire : le cocker n'arrêtant pas, il faut de toute nécessité qu'il ne s'éloigne pas de son maître et qu'il dépense son ardeur à battre le terrain à portée de fusil.

Le cocker rapporte admirablement bien; j'en ai vu traîner de grands lièvres qu'ils n'avaient pas la force de porter et me les amener à travers les ronces et les grandes herbes : il est au moins inutile de leur imposer cette fatigue. Quant au faisan, un cocker de taille ordinaire le rapporte aussi aisément qu'un lapin et rien n'est pittoresque comme de voir ce petit chien venir fièrement vers son maître, portant en travers de la gueule un beau coq dont la queue traîne à terre.

Encore une fois, je ne pense pas qu'aucun chien puisse rendre plus de services que les cockers dans des bois *fourrés*.

Les Anglais emploient quelquefois les cockers à faire des battues; deux ou trois cockers bien dressés, un garde au milieu de l'enceinte et un homme à chaque bordure, il n'en faut pas davantage pour *faire* un carré de bois de moyenne étendue, et notez que les cockers *passent* moins de gibier que les rabatteurs les plus intrépides, parce qu'ils ne négligent pas les parties fourrées et que leur nez les conduit sur les pièces qui, après s'être rasées, laissent si souvent passer les traqueurs.

En Angleterre les *clumbers* servent aussi à faire des battues et comme ils sont plus lents que les cockers, ils conviennent peut-être davantage pour ces battues.

Mais, du moins à mon avis, le chasseur rustique a plus à attendre du cocker que du clumber, et je suis convaincu qu'il ne manque à cet excellent chien que d'être plus répandu en France, pour y être bien vite apprécié par les hommes de chasse les plus distingués de notre pays. Dans ces moments de *déveine* que vous connaissez comme moi, où l'on se sent peu à peu envahir par le découragement qui précède l'ennui, la gentillesse du cocker vous distrait, la gaieté de son travail vous encourage. Malgré soi, on est contraint d'admirer son énergie, sa ténacité, l'intrépidité de ses entreprises, si bien que n'eût-on pas tiré un coup de fusil, on a du moins conservé l'espérance jusqu'au dernier moment et qu'en rentrant au logis,

Fig. 3. — COCKER AU RAPPORT.

on se sent plein de reconnaissance pour ce brave petit ami qui vous a soutenu jusqu'au bout, et qui, si vous le voulez, recommencera demain avec le même entrain.

Il n'y a point d'exagération à dire que le cocker est un chien ravissant à tous les points de vue.

J'ai chassé en plaine et à l'eau avec des cockers; je les ai mis à toutes les sauces, comme on dit; partout je les ai trouvés à la hauteur de la bonne opinion que j'avais conçue de la diversité de leurs mérites, et c'est sans plaisanter, c'est le plus gravement du monde que je dis aux amateurs de chiens à petite quête, que je préfèrerais chasser en plaine avec un couple de cockers bien dressés, à tous ces braves chiens qui font leurs délices. J'ai vu plus d'une fois, en promenant mes chiens, des cockers tomber sur la piste d'une caille : rien n'est plus amusant que les émotions de ces charmants petits collaborateurs, quand l'oiseau s'obstine à courir. Quelle vivacité, quelles bourrades et quelle joie quand, poussée dans ses derniers retranchements, la caille se décide à se mettre à l'essor! Mais, là, il faut être prudent, car si le chien n'est pas dressé à se coucher au départ du gibier, il part après l'oiseau, en jetant quelques coups de voix, et comme la caille file de bas...... un plomb est si vite arrivé!

Du reste, il n'entre pas dans ma pensée de recommander le cocker comme chien de plaine, et ceci n'est qu'un hors-d'œuvre pour lequel je demande grâce au chasseur sérieux.

Là où le cocker me semble appelé à rendre de véritables services, c'est au marais; non pas, entendez-le bien, que je veuille dire que le cocker soit un chien de marais proprement dit, ou qu'il soit de force à supporter les fatigues de longues journées de chasse dans les marais très difficiles; mais je sais par expérience qu'à ces époques de passage où tout à coup les prairies inondées qu'on désigne improprement sous le nom de marais, se remplissent de marouettes, le chasseur qui habite dans le voisinage de ces prairies pourra en tirer un grand nombre en explorant avec un ou deux cockers les fossés garnis d'herbes et d'aulnes qui séparent la plupart des pièces; de même, le cocker lèvera plus facilement et plus rapidement que bien d'autres chiens, les rales et les poules d'eau qui à certaines époques se cantonnent dans les mares garnies de joncs épais, dans les bordures d'étang, partout où il y a des roseaux.

J'ai vu un cocker apporter à cette chasse une telle intrépidité qu'un beau matin, emporté par son ardeur, il s'était empêtré dans les joncs de telle façon, qu'il y serait resté si le garde n'était allé, non sans courir lui-même un danger véritable, le tirer de ce mauvais pas, mais le brave garçon n'avait pas plus tôt déposé sur la rive le naufragé, à moitié suffoqué, que celui-ci, ayant repris ses sens, se rejetait à l'eau, et recommençait son travail endiablé.

Le cocker n'a donc d'autre rôle que de trouver et de faire lever le gibier, et il faut reconnaître qu'il remplit ce rôle à merveille. Il ne faut point qu'il poursuive le gibier, comme un basset; dès que la pièce se lève, il doit ou la rapporter si elle tombe sous le plomb de son maître, ou revenir au premier appel et reprendre sa quête. J'ai vu des cockers qui n'étaient pas dressés au rapport et qui se montraient aussi dociles, aussi calmes, qu'un pointer, au départ du gibier, se couchant à l'instant même où la pièce se levait et ne recommençant à quêter que sur l'ordre de leur maître.

Je crois que la plupart des chasseurs français qui font usage de cet excellent chien ont raison de le mettre au rapport, et il ne laisse que les pièces dont le poids est hors de proportion avec ses forces. Encore, au bout d'un certain temps, ne les abandonne-t-il pas et s'épuise-t-il en efforts pour les traîner vers son maître. J'ai vu des cockers ne pouvant sortir un grand lièvre d'un roncier où il s'était traîné, m'appeler en donnant désespérément de la voix, comme fait un chien courant au ferme sur un sanglier.

Beaucoup de chasseurs en entrant en chasse ont l'habitude de mettre un grelot au collier de leurs cockers : c'est une bonne précaution, faite à la fois pour éviter des accidents déplorables et pour rappeler au devoir un chien qui s'écarte, masqué sous le fourré. On sait qu'un chien est plus disposé à commettre des fautes quand il ne se sent plus sous l'œil de son maître; le grelot vous indiquera toujours la position de votre collaborateur et le moment précis où il convient de l'arrêter.

Fig. 4. — *NELL*, COCKER SPANIEL, du chenil de la *Chasse illustrée*.

J'ai fait de mon mieux pour indiquer les qualités qui recommandent le cocker à l'attention du chasseur français parce que je suis persuadé que, dans bien des cas, c'est un chien qui peut nous rendre d'excellents services.

A côté du cocker qui, je le répète, est, à mon avis, le roi des petits épagneuls, les Anglais ont encore le clumber, dont j'ai déjà dit un mot, et les délicieux épagneuls du Sussex qui sont les cousins germains du cocker, autant par leurs formes extérieures que par leurs aptitudes et leurs qualités.

En résumé les petits épagneuls anglais peuvent trouver leur emploi en France dans une foule de cas, où les débris de nos chiens indigènes se montrent d'une déplorable infériorité.

LE WATER SPANIEL

Il ne convient qu'à moitié de parler du water spaniel dans un livre intitulé les *Chiens d'arrêt français et anglais*, car le water spaniel n'est pas un chien d'arrêt; mais du moment où j'ai parlé du cocker et bien que le water spaniel ne me semble pas appelé à rendre à la masse des chasseurs français les mêmes services que les petits épagneuls spécialement destinés à la chasse du bois, il m'a semblé qu'il était impossible de ne pas dire un simple mot de ce chien étonnant dont la création est un véritable tour de force.

Posséder un chien ne redoutant pas l'eau et y chassant volontiers n'est pas une chose rare : nous avons tous eu des chiens d'eau plus ou moins remarquables. Mais avoir fabriqué un chien à la peau huileuse comme celle du canard, lui avoir donné des doigts palmés comme ceux de la loutre, un tempéramment d'amphibie comme celui que possède le water spaniel est une de ces manifestations d'un génie véritablement extraordinaire.

Il paraît que c'est l'Irlande qui est le berceau du water spaniel. Pour ma part, j'accepte volontiers cette origine, sans la discuter.

Si vous habitez les bords de la mer, si vous êtes à proximité de quelqu'un de ces marais où la sauvagine abonde dès l'époque des grands passages; si vous êtes au nombre de ces chasseurs de bronze qui affrontent les rigueurs des plus inclémentes températures qu'ont à subir nos pays dits tempérés; si vous avez la passion de la chasse à l'eau, si rude et si attrayante à la fois, celle de la chasse en mer; si vous pratiquez ces affûts dont les inondations et les gelées intenses sont tour à tour l'occasion, où parfois votre canardière fera des hécatombes dont toutes les victimes ne resteront pas sur la place, où il vous faudra un auxiliaire de taille à poursuivre les blessés au travers des glaces, par les temps les plus effroyables, se rejetant vingt fois à l'eau, nageant sans jamais se lasser, plongeant comme un phoque, brisant sur son passage des fortifications de roseaux durcis par la gelée, travaillant de cette façon la nuit aussi volontiers que le jour, guidé par un nez infaillible et soutenu par une vigueur inouïe...... s'il vous faut un collaborateur de cette taille, prenez le water spaniel.

Je ne sais s'il y a plusieurs variétés de water spaniel. Ceux que je crois le plus estimés sont de taille moyenne, au poil frisé, de couleur marron; la tête à poil ras, avec une espèce de toupet sur le front, de longues oreilles, les pattes robustes et les doigts palmés.

La race la plus célèbre avait été créée par un gentlemann irlandais, l'honorable M. Mac Carthy, qui lui avait donné son nom. J'ignore si cette race existe encore.

LES RETRIEVERS

Ce travail n'eût pas été complet si je m'étais abstenu de dire un mot du retriever, cet indispensable auxiliaire du chasseur anglais. J'espère qu'on m'excusera de lui consacrer quelques lignes.

Il n'est pas un chasseur qui ne sache qu'en Angleterre, les chiens d'arrêt ne rapportent pas. Nos voisins sont à ce point convaincus de l'inconvénient qui existe à faire rapporter un chien d'arrêt, qu'un chien d'arrêt qui rapporte naturellement, comme cela se voit quelquefois, perd à leurs yeux une partie de ses mérites et de sa valeur même.

Les Anglais se sont dit qu'en spécialisant les facultés de leurs collaborateurs, ils arriveraient à la quintescence de ces qualités, qu'en demandant uniquement à leurs pointers et leurs setters de quêter et d'arrêter le gibier, ils arriveraient à obtenir ce qu'il y a de mieux en fait de quête et d'arrêt.

Le fait est que celui qui n'a pas vu à quel degré de perfection est amené le travail de certains chiens d'arrêt anglais ne peut guère se figurer ce qu'on peut obtenir d'animaux de pur sang soumis au travail méthodique que leur imposent les chasseurs d'outre-Manche. C'est tout bonnement admirable et ce que j'ai vu de mieux en France n'approche pas de cette perfection.

Mais je n'ai pas la prétention de rallier les chasseurs français à la méthode anglaise, et je ne parle du retriever que parce qu'il m'a semblé impossible de ne pas le mentionner dans la nomenclature des chiens de race anglaise.

Le rôle du retriever consiste donc uniquement à rapporter le gibier qu'ont fait tirer à leurs maîtres les pointers ou les setters.

Fig. 1. — RETRIEVER A POIL ONDULÉ.

En entrant en chasse, le chasseur anglais fait coucher à ses pieds les chiens d'arrêt qui attendent patiemment l'ordre de se mettre en quête; au signal donné, ils s'élancent à fond de train. Le retriever reste auprès de son maître, impassible. Quand les chiens sont en arrêt, le chasseur s'approche; au moment où le gibier part, pointers ou setters s'écrasent à terre. Si la pièce tombe, le retriever va la chercher et la rapporte. Pendant tout ce temps les chiens d'arrêt restent couchés et ne reprennent leur travail que sur l'ordre de leur maître; le retriever ne quitte jamais celui-ci d'un pas.

Le retriever ne doit jamais quêter. Si on le met sur une pièce blessée, il doit en suivre la piste, sans s'occuper des autres, et ce n'est pas toujours une besogne facile dans les chasses giboyeuses, mais ce chien a un nez excellent et une intelligence remarquable. J'en ai vu distinguer avant leur maître une perdrix blessée au milieu d'une compagnie, partir à toute vitesse avant que la victime se fût détachée du reste de la bande et revenir un instant après avec la pièce, encore vivante, entre leurs dents puissantes. J'ai vu des retrievers aller prendre des lièvres blessés à des distances invraisemblables et, un instant après, se mettre à la poursuite d'un lapin roulé d'un coup de fusil, sans se laisser distraire par ceux qui déboulaient sous leur nez.

Sans doute on pourra me citer des chiens dressés à la française qui font tout cela, et moi-même j'ai possédé plusieurs chiens, un pointer entre autres, qui était d'une sûreté de rapport merveilleuse. Mais cette perfection ne peut guère se constater que très exceptionnellement, tandis qu'elle est ordinaire chez les retrievers de bonne race bien dressés.

On dit que le retriever est le produit du chien de Terre-Neuve et du setter. Je le veux bien; mais je vous conseille de faire comme moi, le jour où vous voudrez un retriever, c'est-à-dire de l'acheter tout fait et *tout dressé* au lieu d'essayer de le fabriquer. — Ce sera plus simple et plus court.

Il y a deux espèces de retrievers, le retriever à poils ondulés, le retriever à poils frisés.

Quelques amateurs préfèrent le premier; j'en ai vu de parfaits des deux espèces.

La taille du retriever varie ; parmi les retrievers à poils ondulés, il en existe de très grands, d'autres de taille moyenne. Le retriever a toujours la face nue comme celle d'un mouton ; les poils ne commencent à s'allonger que sur le sommet de la tête. Cela lui donne une physionomie toute particulière.

Ce sont des chiens robustes, dont la construction répond très bien à l'usage auquel ils sont destinés. Il va sans dire qu'ils ne redoutent ni le fourré ni l'eau et qu'ils vont chercher aussi volontiers une bécassine au milieu d'un étang qu'un lapin au milieu d'un fourré d'ajoncs.

Nous parlions tout à l'heure du cas où il vous plairait de faire l'acquisition d'un retriever, et je vous conseillais de n'acheter qu'un animal dressé ; vous ferez sans doute prudemment en faisant une réserve au sujet de la *dent dure*, car j'ai vu des retrievers couper leur gibier en morceaux.

ERNEST BELLECROIX.

Fig. 2. — LE RETRIEVER A POIL FRISÉ.

POST-SCRIPTUM

En terminant ce volume, je demande au lecteur la permission de lui dire la pensée qui l'a inspiré.

Il y a un temps infini que dure la querelle entre les partisans des chiens de race française et les amateurs des chiens de race anglaise qui, malgré tout et par la force même des choses, tendent de plus en plus à se répandre dans notre pays.

Deux de mes plus éminents collaborateurs de la *Chasse illustrée*, MM. le marquis de Cherville et de la Ruë, dont l'autorité est si justement établie depuis de longues années, ont exposé avec leur talent habituel les qualités qui recommandent aux chasseurs les chiens de race française.

En ce qui me concerne, m'étant chargé de présenter à nos lecteurs les chiens de race anglaise, je me suis efforcé de dire la vérité, rien que la vérité. J'ai établi de mon mieux un parallèle entre les facultés des uns et des autres; j'ai dit comment ils se comportaient sur le terrain, et je n'ai pas écrit une ligne qui ne soit l'expression des convictions que m'a données une expérience déjà longue. Je n'ai rien emprunté à personne; j'ai dit ce que j'ai fait et ce que j'ai vu.

Nos lecteurs ont sous les yeux les pièces du procès. Comme chacun de nous, sans doute, ils ont leurs préférences. J'espère bien qu'ils nous absoudront tous les trois.

ERNEST BELLECROIX,
Rédacteur en chef de la *Chasse illustrée*.

TABLE DES MATIÈRES.

CHIENS D'ARRÊT FRANÇAIS.

	Pages
Les braques français (A. de la Rüe)	3
L'épagneul français (A. de la Rüe)	48
L'épagneul de Pont-Audemer (Ernest Bellecroix)	58
Le barbet (A. de la Rüe)	66
Les griffons (marquis de Cherville)	71

CHIENS D'ARRÊT ANGLAIS.

Les pointers (Ernest Bellecroix)	92
Les setters (Ernest Bellecroix)	163
Le setter anglais blanc et orange (Ernest Bellecroix)	165
Le setter anglais noir (Ernest Bellecroix)	174
Le laverack setter (Ernest Bellecroix)	183
Le gordon setter (Ernest Bellecroix)	203
Le setter irlandais rouge (Ernest Bellecroix)	221
Le setter irlandais blanc et rouge ou blanc et brique (Ernest Bellecroix)	246
Les petits épagneuls (Ernest Bellecroix)	257
Le water spaniel (Ernest Bellecroix)	270
Les retrievers (Ernest Bellecroix)	272

FIN DE LA TABLE DES MATIÈRES.

www.ingramcontent.com/pod-product-compliance
Lightning Source LLC
Chambersburg PA
CBHW071137160426
43196CB00011B/1922